Clave de Sol

Curso de español

NIVEL 1

Mónica Caso
Beatriz Rodríguez
María Luz Valencia

Cuaderno de Actividades

en CLAVE ELE

Dirección editorial: R. Varela

Edición: Consuelo Delgado
Diseño y maquetación: delicado diseño
Cubierta: DC Visual
Ilustración: José Zazo

© de esta edición: enCLAVE-ELE

Depósito legal: M-4.295-2011
ISBN: 978-84-96942-19-6
Impreso en España

Índice

1. ¡Qué sorpresa! 4
2. ¡Qué guay! 8
3. ¡Qué desastre! 12
4. ¡Qué suerte! 16
5. ¡Qué problema! 20
   - Diccionario Visual 1-2-3-4-5 24
   - Repaso 1-2-3-4-5 26
6. ¡Qué torpe! 28
7. ¡Qué pesada! 32
8. ¡Qué emoción! 36
9. ¡Qué calor! 40
10. ¡Qué buena idea! 44
    - Diccionario Visual 6-7-8-9-10 48
    - Repaso 6-7-8-9-10 50
11. ¡Qué dolor! 52
12. ¡Qué divertido! 56
13. ¡Qué miedo! 60
14. ¡Qué nervios! 64
15. ¡Qué buenas vacaciones! 68
    - Diccionario Visual 11-12-13-14-15 72
    - Repaso 11-12-13-14-15 74
    - Álbum de Palabras 76
    - Mapamundi 78

1 ¡Qué sorpresa!

VAMOS A Saludar / Presentarnos / Deletrear

1 Las letras se han desordenado. Ordénalas y únelas con la palabra correcta.

Ej. *asac - casa - CASA*

gimoa   sedrap   namarhe   loah   asac   imafila

PADRES   HOLA   AMIGO   CASA   FAMILIA   HERMANA

2 Pon en plural estas palabras.

Ej. La casa — Las casas

El hermano — ....

El padre — ....

El televisor — ....

La niña — ....

El amigo — ....

3 Completa con *este, esta, estos, estas*.

Ej. *Estos* son mis amigos.

.... es mi casa.

.... es César, él es un chico.

.... son Ana y Sol.

.... es mi familia.

.... son tus padres.

4 Sustituye los nombres de estas personas por *él, ella, ellos, ellas*.

Ej. *Miguel está en su casa.*
   Él está en su casa.

Ana y Mario son tus hermanos.
.... son tus hermanos.

Sol es tu amiga.
.... es tu amiga.

Mario es tu hermano.
.... es tu hermano.

Miguel está despierto.
.... está despierto.

Ana y Laura están dormidas.
.... están dormidas.

5 Relaciona las frases y escríbelas.

Vosotros	es	hermanos de Miguel	*Vosotros sois amigos.*
Sol	está	amigo de Mario	....
Daniel y Laura	eres	una chica	....
Ana y Mario	sois	sorprendido	....
Tú no	son	en la casa	....
Miguel	están	amigos	....

6 Ordena las palabras en cada frase.

Ej. *Estoy yo no dormido* ..*Yo no estoy dormido.*..

a) amiga María una es ....
b) estáis vosotros casa en ....
c) y Sol están Miguel despiertos ....
d) hermano Miguel Mario es de ....
e) llamo Juan me yo ....

7 Recuerda el diálogo y di si es verdadero o falso.

	V	F
a) Esto es un sueño.	☐	☒
b) No estamos en tu casa.	☐	☐
c) Miguel tiene padres y hermanos.	☐	☐
d) Sol es hermana de Miguel.	☐	☐
e) Ana y Mario son los padres de Miguel.	☐	☐
f) Miguel está despierto.	☐	☐

8 Completa este diálogo.

—¡.*Hola*., Miguel!

—¿............... dormido? ¿............... real?

—............... despierto y esto no .... un sueño.

—¿Quién ....?

—Yo .... Sol y .... una chica.

—¡Bien! Tú y yo .... en mi casa.

9 Subraya la palabra incorrecta.

Ej. *Sol y Miguel <u>están</u> amigos.*

a) Miguel no está despierta.
b) Yo soy Miguel. ¿Tú dónde eres?
c) Sol es unas chicas.
d) Miguel está un chico.
e) Ellos están en el casa.

10 Ahora escribe esas frases correctamente.

Ej. *Sol y Miguel son amigos.*

a) ....
b) ....
c) ....
d) ....
e) ....

Pasatiempos

11 Busca el masculino de estas palabras en la sopa de letras.

AMIGA   CHICA   DORMIDA
HERMANA   NIÑA

```
A O W H N N B S D T
R M Ñ I W O U L O D
A W I I J G I D R B
H W X G N C P M M M
J E J Z O H V Z I R
R E R I Y I E Z D D
A U A M M C T Q O N
C Y G N A O C H F Q
W W I C C N L V W H
R W A K V G O Q P I
```

12 Encuentra a Miguel y su familia.
- Es un chico.
- Es la madre de Miguel.
- Es la hermana de Miguel.
- Es el hermano de Miguel.
- Es una chica.
- Es el padre de Miguel.

```
M N I T O M X V O R
D I L A A J E F D C
W X G R F S Y E A E
U Z I U L O K C N H
J O A H E B D L A M
S N Q Z Q L A S O P
C S H J D Q N R B S
T Y K C M R I V I M
A R U A L V E C K O
O G L M D N L O L R
```

13 Ordena las letras y descubre las palabras.

LSO ....   ASCA ....   UBEN ....

CCHAI ....   ÑOIN ....

Para mi dossier

FÍJATE

¡Hola a todos! Soy Miguel. Soy un chico. Mis amigos son Sol, Paloma y César.

AHORA TE TOCA A TI

Aquí va tu dibujo o foto

¡Ya sé!

	¡MUY BIEN!	¡BIEN!	¡REGULAR!
Saludar			
Decir cómo me llamo			
Deletrear palabras			
El masculino y femenino			
El singular y plural			
Los verbos *ser* y *estar*			
Vocabulario de personas			
Un / una, unos / unas			
El / la, los / las			
Este / esta, estos / estas			

2 ¡Qué guay!

VAMOS A
Describir la casa
Aprender los colores
Expresar posesión

1 ¿Dónde va cada cosa? Relaciona.

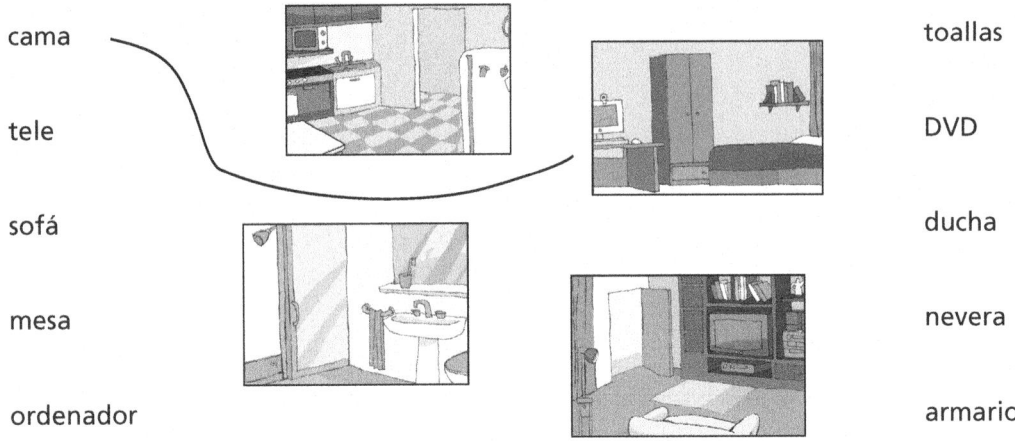

cama — tele — sofá — mesa — ordenador

toallas — DVD — ducha — nevera — armario

2 Observa y completa.

| ca | ce | ci | co | cu |

Ej. chi..*ca*..

....sa   co....na   ....ma   ....arto
....lor   ....nar   blan....   habita....ón

3 Completa con las formas verbales correspondientes.

Ej. ¡..*Vamos*.. al salón! Allí ..*están*.. la tele y el DVD.

a) Yo .... muchos libros en las estanterías.
b) ¡.............. a la cocina!, en la nevera .... muchas cosas.
c) Las toallas azules .... de mi padre y .... en su armario.
d) La alfombra verde de su dormitorio .... muy bonita.
e) Nuestras alfombras .... de color rosa y .... allí en la habitación.

4 Coloca estas palabras en las frases.

| en | allí | y | pero | aquí | hay |

Ej. *Este es mi dormitorio y* ..*aquí*.. *está mi cama.*

a) Estamos en mi casa .... esta no es mi habitación.
b) Mi ropa está .... el armario.
c) Tenemos un sofá en el salón y también .... dos sillones.
d) ¡Vamos al cuarto de baño! .... tenemos las toallas.
e) El lavaplatos .... la nevera están en la cocina.

5. Completa las frases de Miguel con la palabra adecuada.

tus   su   nuestra   mis   vuestros   mi

Ej. —Mario está en .su. habitación.

—Laura y Daniel son .... padres.
—Sol no tiene casa. El ordenador es .... casa.
—Yo tengo el ordenador en .... dormitorio.
—Ana, tienes .... toallas en el armario del baño.
—Somos tres hermanos y esta es .... casa.
—.............. libros de español están en los pupitres de la clase.

6. Completa con vocales las siguientes palabras.

Ej. d.o.rm.i.t.o.r.i.o.

a) ...rd...n...d...r
b) ...st...nt...r......
c) ...lf...mbr...
d) h...b...t...c......n
e) m...s...ll...

7. Escribe los nombres de estos personajes de cuentos para niños.

....

....

....

....

8. Lee con atención y subraya la palabra intrusa.

Ej. hermana   chica   amiga   niño

Daniel	Mario	Sol	Luis
silla	nevera	habitación	ordenador
rojo	casa	verde	amarillo
nevera	bañera	lavadora	mesa
armario	sofá	alfombra	sillón

9. Completa las preguntas de Sol.

Ej. A Laura y Daniel: ¿Es esta .vuestra. casa?

A Miguel: ¿Estos son .... amigos?
A Ana: ¿Esta es .... cama?
A Mario y Miguel: ¿Ana es .... hermana?
A Miguel y Ana: ¿Mario es .... hermano?
A los tres: ¿Laura y Daniel son .... padres?

10. Sustituye los nombres de persona.

Ej. Miguel tiene un ordenador en su habitación.
...Él... tiene un ordenador en su habitación.

Ana no está en el cuarto de baño.
.... no está en el cuarto de baño.

Laura y Ana tienen muchos libros en la estantería.
.... tienen muchos libros en la estantería.

¡Sol y yo vamos a la cocina!
¡.............. vamos a la cocina!

Mario y su novia están en el salón.
.... están en el salón.

¿Miguel y tú tenéis ordenador?
¿.............. tenéis ordenador?

Pasatiempos

11 Serpiente de colores. Encuentra los nombres de seis colores en esta serpiente.

verde azul naranja rojo amarillo blanco

12 Descifra el mensaje de Sol.

| ✿ ▼ | ♣ ✽ ▲ ✽ | ♥ ▲ | ♥ ➤ | ✽ ◆ ✖ ♥ ◯ ✽ ✖ ✽ ◆ |

M = ✿	C = ♣
S = ▲	A = ✽
O = ✽	E = ♥
N = ◯	D = ✖
R = ◆	L = ➤
I = ▼	

13 ¿Dónde están?

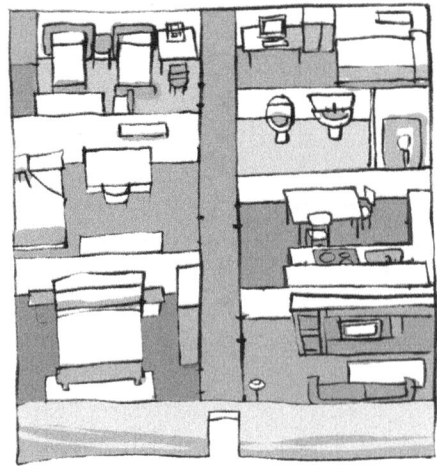

Ej.

El padre de Miguel está en la cocina.

Para mi dossier

FÍJATE

AHORA TE TOCA A TI

Aquí va tu dibujo o foto

¡Hola! Soy Sol y esta es mi habitación.
Tiene una cama rosa, una mesa azul,
y un ordenador.

¡Ya sé!

	¡MUY BIEN!	¡BIEN!	¡REGULAR!
Decir de quién son las cosas			
El verbo *tener*			
Decir dónde están las cosas			
Las partes de la casa			
Los objetos de la casa			
Los colores			
Los números del 0 al 9			

3 ¡Qué desastre!

VAMOS A Decir lo que nos gusta y lo que no
Hablar de la comida
Decir qué hora es

1 Ordena las palabras y escribe la frase.

café / y / yo / con / desayuno / leche / tostadas

meriendan / y / chocolate / de / leche / galletas / mis / abuelos

cenamos / pescado / con / patatas / hoy

pasta / es / favorita / mi / la / comida

....

....

2 Escribe el nombre de los alimentos que hay en la mesa.

3 Elige para cada palabra:

C   CH

Ej. escu .ch. a

on...e   o...o   le...e   du...a
...u...ara   ...a...ao   sal...i...a   ...in...o
...urioso   le...uga   ...ereales   ...o...olate

4 Escribe lo que te gusta y lo que no.

Ej. ...Me gusta... mucho el arroz.
a) .... las tostadas quemadas.
b) .... jugar con mis amigos.
c) .... llegar tarde al colegio.
d) .... las estanterías blancas.
e) .... desayunar con prisa.

5 Completa con:

me   te   le   nos   os   les

Ej. ..Me. gustan tus amigos.

—A Ana .... gustan las galletas de chocolate.
—A mis padres no .... gusta llegar tarde.
—¿A vosotros .... gusta el café con leche?
—Sí, ... gusta tomar café en el desayuno.
—Sol, ¿............... gusta la carne o el pescado?

12 doce

6 ¿Qué les gusta? Descubre cuál es su comida favorita. Usa tu diccionario.

Ej. *A Irene le gustan las naranjas.* Irene

.... Alicia

.... Pedro

.... María y Manolo

.... Isabel

.... Ramón

.... Sultán

7 Completa las frases con la forma verbal adecuada.

Ej. *Hay* (haber) *tostadas con mermelada para desayunar.*

a) ¡Chicos, la cena .... *(estar)* preparada!
b) Miguel y Sol .... *(ser)* amigos.
c) ¿No os .... *(gustar)* la pasta?
d) Esta noche nosotros .... *(cenar)* pescado con arroz.
e) Mis padres y yo .... *(comer)* en la cocina.

8 Di qué hora es.

Las siete y media.

....

....

....

....

9 Completa con ¿Qué?, ¿Quién? o ¿Dónde?

Ej. ¿*Qué* cenamos hoy?

a) ¿............... están los videojuegos?
b) ¿............... toma un zumo de naranja?
c) ¿............... vais a tomar?
d) ¿............... es tu hermano?
e) ¿............... está la mantequilla?

10 Completa con el verbo *gustar*.

Ej. *No me gusta el color negro.*

a) ¿Te .... el color azul?
b) No nos .... las tostadas quemadas
c) A ellos les .... cenar tarde
d) ¿Os .... los zumos para merendar?
e) ¿Te .... mis videojuegos?

trece **13**

Pasatiempos

11 ¿Qué desayunan? Completa el crucigrama.

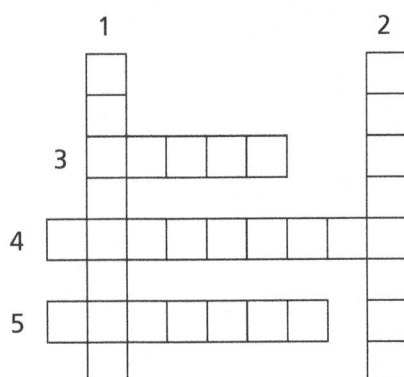

Verticales
1. Miguel desayuna ....
2. Ana toma .... para desayunar.

Horizontales
3. Los padres de Miguel toman café con ....
4. Qué ricas son las tostadas con ....
5. Me gusta el zumo de ....

12 Escribe la palabra y marca la intrusa.

   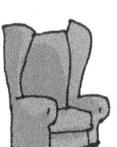

Ej. *ducha*   *bañera*   *lavabo*   (*sillón*)

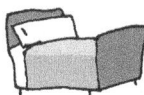 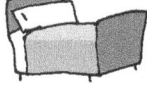 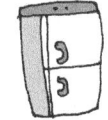 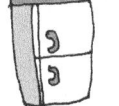 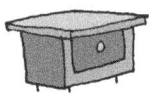  

....

....

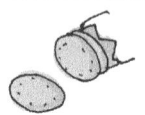  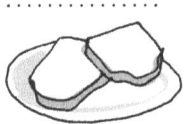 

....

....

....

13 Adivina de qué objetos hablamos, utiliza tu diccionario.

Todos la compran para comer
y no la come nadie.
¿Sabes tú qué puede ser?   ....

Es alargado,
con cuatro dientes.
Nos da la comida
rápidamente.   ....

Sin ser árbol tengo hoja.
Puede ser larga o corta
pero siempre, siempre
corta.

....

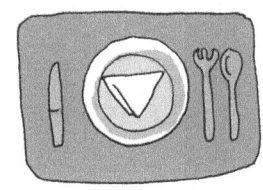

14 catorce

Para mi dossier

FÍJATE

AHORA TE TOCA A TI

Aquí va tu dibujo o foto

Como a las dos y cuarto.
Me gusta la ensalada y el pescado
con patatas. No me gusta la carne.

¡Ya sé!

	¡MUY BIEN!	¡BIEN!	¡REGULAR!
▸ Hablar de lo que me gusta y lo que no me gusta			
▸ Hablar de la comida			
▸ El verbo *gustar*			
▸ Decir qué hora es			
▸ Los números hasta el 12			

4 ¡Qué suerte!

VAMOS A Hablar del colegio
Describir lo que hacemos habitualmente
Aprender países y nacionalidades

1 Completa el diálogo.

—¡Hola! Yo soy Miguel.
—¿Cómo te llamas?
—Yo soy español. Tú, ¿de dónde eres?
—Mi asignatura favorita son las matemáticas. ¿Cuál es tu favorita?

Tú
—..........................
—..........................
—..........................
—..........................

2 Elige una de estas letras para cada palabra.

C   Z

Ej. *pes.c.ado*

...ena   ...lase   ...olegio   vene...olano   ...ubana   ...umo
arro...   ...afé   empe...amos balon...esto   habita...ión a...ul

3 Completa con "que" y con "qui".

Ej. *Ana es la hermana pe.que.ña de Miguel.*

a) ¿.....én es el hermano de Miguel?
b) César tiene un compañero marro.....
c) La tostada está .....mada.
d) Me gusta la mante.....lla.
e) ¡A..... están los libros de matemáticas!

4 Escribe el nombre de cinco asignaturas de tu curso y al lado cómo se escriben en español.

....
....
....
....
....

5 Completa las frases con el verbo adecuado.

Ej. *Mamá y yo .calentamos. (calentar) el café.*

a) Todos los días nuestros padres .... *(llegar)* a casa a las seis y les .... *(gustar)* jugar un rato con nosotros.
b) Mario y tú siempre .... *(tomar)* agua en la comida.
c) Los sábados vosotros .... *(preparar)* las tostadas para el desayuno.
d) Los lunes Miguel .... *(terminar)* su merienda y .... *(empezar)* a hacer los deberes.
e) Yo .... *(jugar)* con mis amigos los martes antes de cenar.

6 Relaciona cada país con su nacionalidad.

España	cubano
Guinea	guatemalteco
Guatemala	argentino
China	marroquí
Marruecos	mexicano
Argentina	colombiano
México	español
Perú	chino
Colombia	guineano
Cuba	peruano

7 Haz frases con los nombres de tus compañeros siguiendo el ejemplo.

Ej. *Consuelo es española. Es de España.*

8 Encuentra y rodea los objetos que están en el colegio.

mesilla   cama   (pupitre)   toallas   libro   ducha   horario

gimnasio   sofá   bolígrafo   nevera   televisión   lápices   alfombra

9 Completa con las formas verbales correctas.

Ej. ¿De dónde **sois** (ser)?

a) Nosotros .... *(ser)* españoles y mi amigo .... *(ser)* venezolano.
b) ¿Vosotros .... *(tener)* ordenadores en clase? En nuestra clase .... *(tener)* dos.
c) Los viernes mis amigos .... *(ir)* al cine y .... *(ver)* una película.
d) Los lunes y los miércoles ellos .... *(estudiar)* matemáticas
e) ¿Tú .... *(jugar)* al baloncesto los sábados?

10 Escribe cinco frases con las palabras que te damos.

Ej. (en) *Tengo muchos amigos en el colegio.*

a) (qué) ....
b) (quién) ....
c) (dónde) ....
d) (nunca) ....
e) (siempre) ....

11 Utiliza el verbo en la forma adecuada.

| vivir | hacer | esperar | preferir | leer | comer |

Ej. *Mis hermanos y yo* **hacemos** *nuestras camas antes de ir al colegio.*

a) Paloma siempre .... el autobús a las ocho en la parada.
b) No me gusta mucho el pescado. .... la carne.
c) César .... en España, pero es mexicano.
d) El jueves nosotros .... libros divertidos en la biblioteca.
e) A Ana le gusta .... fruta para merendar.

Pasatiempos

12 Busca los nombres de 10 países. ¿En cuál de ellos NO se habla español?

```
S P P L G E A Y B Y E X U E R
E W R E V E C O U O C T A B A
S H Z A N J L U P B P V R A O
G T B I J I N J A R C W B L Q
J U U B V T Z F A D N C X A D
C G W I A Q T T I X O O Y M M
S M A I E J U X A F L R S E O
W P A O M E X I C O Q N X T E
E B O B Z W P P E R U U S A L
P O R T U G A L A D M F P U I
Q Z U Q M X E N Z Ñ E D K G H
Y R Y H U Z S G L K A G J E C
J D M P Z Y O G U R A P A A Q
P H S K A W K C O M B Y S L W
X N J V V M O G R U G N A E H
```

13 Nombra los objetos siguiendo el ejemplo.

profesora
pizarra
borrador
papelera
mochila
pupitre

Ej. *El número 1 es la pizarra.*

14 ¿Qué día de la semana es?

Todas las semanas empieza el colegio el ....
No hay clase los .... y los ....
Terminan las clases el ....
Hay dos días que empiezan por la letra "m": .... y ....
¿Qué día falta por decir? El ....

15 Adivina dos objetos que necesitas en clase. Usa tu diccionario.

Es un palo con bolita
que escribe letras bonitas.

....

Tengo hojas y no soy árbol,
y te hablo sin tener voz.
Aunque me abras no me quejo.
Adivina quién soy yo.

....

18 dieciocho

Para mi dossier

4

FÍJATE

Aquí va tu dibujo o foto

España es mi país. La capital de España es Madrid. Este es el mapa de España.

AHORA TE TOCA A TI

¡Ya sé!

	¡MUY BIEN!	¡BIEN!	¡REGULAR!
Hablar del colegio			
Vocabulario de las asignaturas			
Describir lo que hago todos los días			
El presente de indicativo			
Países y nacionalidades			
Los días de la semana			

diecinueve

5 ¡Qué problema!

VAMOS A Repasar — Aprender más vocabulario

1 Organiza las horas de las comidas y escríbelas.

desayuno
comida
merienda
cena

El desayuno es a ....
....
....
....

2 Coloca las siguientes palabras en la columna adecuada.

I	II	III	IV
azul	cinco	jueves	cocina

martes	amarillo	dormitorio	salón
rojo	miércoles	cuatro	verde
domingo	once	sábado	dos
baño	diez	rosa	doce
lunes	blanco	nevera	viernes
naranja	sillón	tres	armario

3 Escribe el femenino de estas palabras.

Ej. abuelo — *abuela*
padre ....
amigo ....
hermano ....
mexicano ....
hijo ....
brasileño ....
guineano ....

▸ ¿Tienen femenino estas palabras?
Búscalas en tu diccionario.

dormitorio ordenador salón recreo partido

4 Pon las siguientes palabras en plural.

Ej. colegio — *colegios*
sofá ....
autobús ....
alfombra ....
cereal ....
mantel ....
alemán ....
portugués ....

▸ ¿Tienen plural estas palabras?
Búscalas en tu diccionario.

viernes virus jueves fútbol tenis

5 Completa con las formas del verbo adecuadas.

Ej. ¿Te *gustan* (gustar) *las tostadas con mantequilla? No,* *prefiero* (preferir) *los cereales con leche.*

a) Siempre .... (ir) al colegio con César y los dos .... (jugar) al fútbol en el recreo.
b) Ana .... (merendar) un bocadillo de jamón y .... (tomar) zumo de naranja.
c) ¿Vosotros .... (trabajar) los sábados por la mañana? No, nosotros sólo .... (trabajar) de lunes a viernes.
d) Los domingos por la mañana mis padres .... (jugar) al tenis y yo .... (jugar) un partido de balonmano con mis amigos.
e) Sol, ¿.............. (desayunar) leche o cacao? Cacao. La leche me .... (gustar) por la noche.

6 Completa las frases utilizando:

siempre · nunca · ahora · después · hoy · sólo

Ej. *Hoy* vamos al colegio en el coche de la madre de Paloma.

a) .... del recreo tenemos clase de informática.
b) .... tenemos colegio los domingos.
c) Las tostadas están quemadas ¿Qué desayunamos ....?
d) Ana y Miguel .... toman fruta en la merienda.
e) En mi casa .... hay un ordenador.

7 Escribe los números.

Ej. cuatro ....*4*....   12 ....*doce*....

siete ....   8 ....
quince ....   31 ....
nueve ....   20 ....
dieciocho ....   22 ....
cinco ....   16 ....

8 Escribe el nombre de cinco deportistas famosos y el deporte diferente que practican. Usa tu diccionario.

Ej. *Ronaldo*   *fútbol*

9 Completa las frases con:

nuestra · tu · sus · mis · vuestra · su

Ej. *Yo soy Sol y estamos en* .*tu*. *habitación.*

a) Miguel está en el recreo con .... amigos.
b) Vamos a clase de informática con .... profesora.
c) Hoy hacemos los deberes en .... casa.
d) .... padres tienen tres hijos: Mario, Ana y yo.
e) Paloma tiene muchos juegos en .... ordenador.

10 Elige la opción correcta.

Ej. *Vamos al colegio* .*en autobús*.
  a) los domingos
  b) en vacaciones
  c) en autobús

1. Siempre tomo .... para desayunar.
  a) hamburguesa
  b) tostadas
  c) matemáticas

2. Mi .... favorita es la geografía.
  a) asignatura
  b) colegio
  c) compañera

3. Merendamos ....
  a) por la mañana
  b) por la tarde
  c) por la noche

4. Las clases empiezan ....
  a) a las once de la noche
  b) a las tres y cuarto de la tarde
  c) a las ocho y media de la mañana

5. Paloma es de ....
  a) México
  b) España
  c) Guinea

Pasatiempos

11 El puzzle de los números. Ordena las letras y escribe la palabra.

DEZI ☐☐☐☐
       7   17

QIUCEN ☐☐☐☐☐☐
      2   13 1 15

RAINETT ☐☐☐☐☐☐☐
   10 14 11 3 16 8

CIOHIDEOC ☐☐☐☐☐☐☐☐☐
     12   5

VIISETNISE ☐☐☐☐☐☐☐☐☐☐
      4 9 18 6

¿ ☐☐☐☐☐   ☐☐☐   ☐☐☐☐☐   ☐☐☐☐   ☐☐ ?
 1 2 3 4 5   7 8 9   10 11 12 13 14 15 6 16 17 18 9

▶ Copia las letras en las casillas numeradas para encontrar la pregunta escondida. Contesta la pregunta.

12 ¿Qué deportes practica Sol? Usa tu diccionario.

N ....
P ....
B ....
T ....
V ....
P ....
B ....
C ....
G ....
F ....

Para mi dossier

VAMOS A LEER

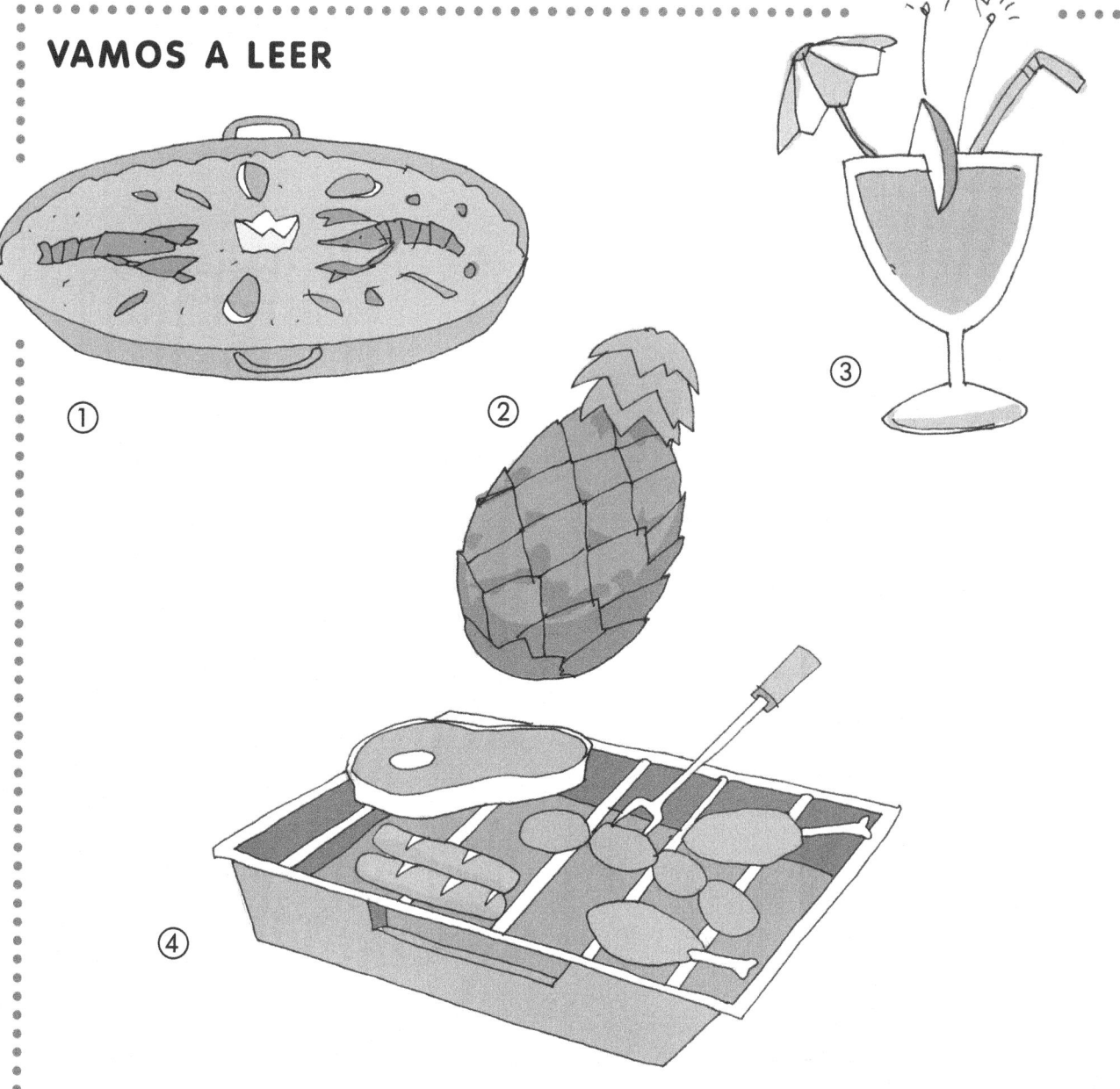

① ② ③ ④

Lee las descripciones y relaciona cada una con su dibujo.

a) La piña es una fruta tropical. En Costa Rica tienen piñas muy buenas.
b) Este es un asado típico de Uruguay. El asado es carne a la parrilla.
c) La paella es una comida típica de España. La paella tiene arroz y es muy rica.
d) Esta es una bebida típica de Colombia. Es un batido de maracuyá. El maracuyá es una fruta.

Diccionario Visual

Repaso 1 2 3 4 5

¿Qué recuerdas de la historia?

Contesta VERDADERO (V) o FALSO (F).   V F

1. Sol es la protagonista de un videojuego. ☐ ☐
2. Ana es la madre de Miguel. ☐ ☐
3. El murciélago es un animal. ☐ ☐
4. Mario es hermano de Miguel. ☐ ☐
5. El hermano de Miguel tiene novia. ☐ ☐
6. Laura y Daniel son amigos de Miguel. ☐ ☐
7. La familia de Miguel desayuna a las nueve. ☐ ☐
8. A Ana le gustan los cereales para desayunar. ☐ ☐
9. Ana quema las tostadas de Mario. ☐ ☐
10. Los chicos van al colegio en coche. ☐ ☐
11. La madre de Paloma no tiene coche. ☐ ☐
12. Paloma es mexicana. ☐ ☐
13. Los chicos no tienen clase por la tarde. ☐ ☐
14. A Sol le gusta la clase de música. ☐ ☐
15. César siempre juega al tenis con Paloma. ☐ ☐

¿Cuántos puntos tienes?

Puntos	Resultado		
15-13	¡MUY BIEN!	😀	
12-8	¡BASTANTE BIEN!	🙂	
7-5	¡REGULAR!	😕	
4-0	¡TIENES QUE REPASAR MÁS!	😠	

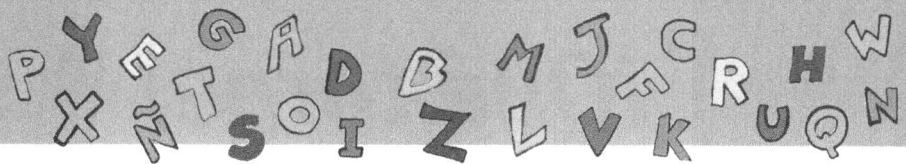

¿Qué recuerdas de gramática, vocabulario y ortografía?

Contesta VERDADERO (V) o FALSO (F). V F

1. El negro es un color del arco iris. ☐ ☐
2. El doce y el once son números. ☐ ☐
3. Jugamos al tenis con una raqueta. ☐ ☐
4. Ponemos el mantel sobre la cama. ☐ ☐
5. La lavadora está en el salón. ☐ ☐
6. El masculino de "portuguesa" es "portugueso". ☐ ☐
7. La forma del verbo "estar" para la persona "vosotros" es "estoy". ☐ ☐
8. "Tomamos" es la forma del verbo "tomar" para "nosotros". ☐ ☐
9. "Ordenador" es masculino. ☐ ☐
10. "Coche" es femenino. ☐ ☐
11. El número 21 se dice "veintiuno". ☐ ☐
12. En español "CU" y "ZU" se pronuncian igual. ☐ ☐
13. Es correcto decir "Tú eres en casa". ☐ ☐
14. Desayunamos por la mañana. ☐ ☐
15. El número 14 se dice "trece". ☐ ☐

¿Cuántos puntos tienes?

15-13	¡MUY BIEN!		
12-8	¡BASTANTE BIEN!		
7-5	¡REGULAR!		
4-0	¡TIENES QUE REPASAR MÁS!		

6 ¡Qué torpe!

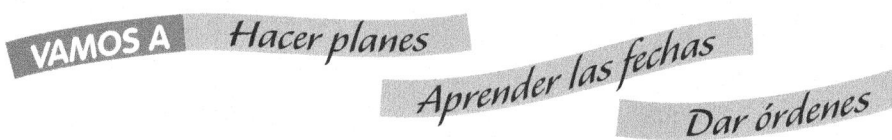

VAMOS A Hacer planes
Aprender las fechas
Dar órdenes

1 Coloca las siguientes palabras en su globo.

regalos   cumpleaños   tortilla   feliz   soplar   rico   velas   cantar   favorita   nuevo   celebrar

- **LA FIESTA**
- bailar / reír
- tarta / música
- divertida / genial

2 Un poco de ortografía. Completa las palabras. Puedes usar el diccionario.

| JA | JE | JI | JO | JU | GE | GI |

Ej. *jo*.ta

….lio   ….nial   ma….a   a….drez   naran….

hi….   ….mnasia   mu….r   ….món   va….lla

3 Ahora completa estas palabras con:

| GA | GUE | GUI | GO | GU |

Ej. *ju.ga.r*

Mi….l   ami….   ….lleta   a….a

….neano   lue….   ….star   lle….r

4 Completa las frases con "ir a".

Ej. ¿*Vais a* celebrar una fiesta en vuestra casa?

a) Laura …………… llevar a Ana al colegio.
b) Yo …………… comprar un regalo para tu cumpleaños.
c) Paloma y Sol …………… cantar en la fiesta del colegio.
d) César y yo …………… jugar al fútbol en el recreo.
e) ¿No …………… ducharte hoy?

5 Laura da instrucciones a Miguel.

Ej. *Baja* (bajar) *la música*.

a) …………… (abrir) la nevera, hay naranjas muy ricas.
b) …………… (preparar) el desayuno, vamos a llegar tarde.
c) No …………… (escribir) en la mesa, usa un papel.
d) …………… (comer) despacio, no tenemos prisa.
e) No …………… (leer) el libro ahora. Es tarde, es hora de dormir.

6 Escribe una invitación para celebrar tu cumpleaños. Sigue este orden:

¿Quién invita?
¿Qué se celebra?
¿Qué día?
¿A qué hora?
¿En qué lugar?

7 Subraya la palabra que corresponde al dibujo.

Ej.    feliz   dormido   enfadado

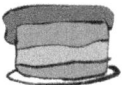   caliente   quemada   favorita

   bailar   cantar   hablar

   nueva   rica   divertida

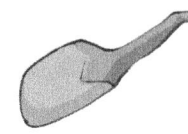   comer   beber   llegar

   bonito   lleno   enfadado

8 Da las órdenes siguientes.

Ej. *A Ana, beber el zumo:* ¡Bebe el zumo!

A Miguel, abrir los regalos: ....
A César, no comer mucha tarta: ....
A Laura y Daniel, bailar en la fiesta: ....
A Sol, cantar una canción: ....
A Mario y a Paloma, no estar enfadados: ....

9 Pregunta y escribe las fechas.

La fecha de tu cumpleaños: ....
El cumpleaños de tu mejor amigo/a: ....
El cumpleaños de tu compañero/a: ....
El cumpleaños de tu profesor/a: ....
El último día del curso: ....

10 Explica qué van a hacer.

Ej. *Tengo hambre,* voy a *merendar un bocata de jamón.*

Miguel y Sol .... jugar un partido de tenis el sábado por la tarde.
Paloma .... preparar los bocadillos para la fiesta.
Nosotros .... ver la tele en el salón.
Es tarde, tú no .... salir ahora.
¿Vosotros .... trabajar con el ordenador esta tarde?

Pasatiempos

11 ¿Qué le regalan los padres a Miguel? Descúbrelo con la primera letra de cada dibujo.

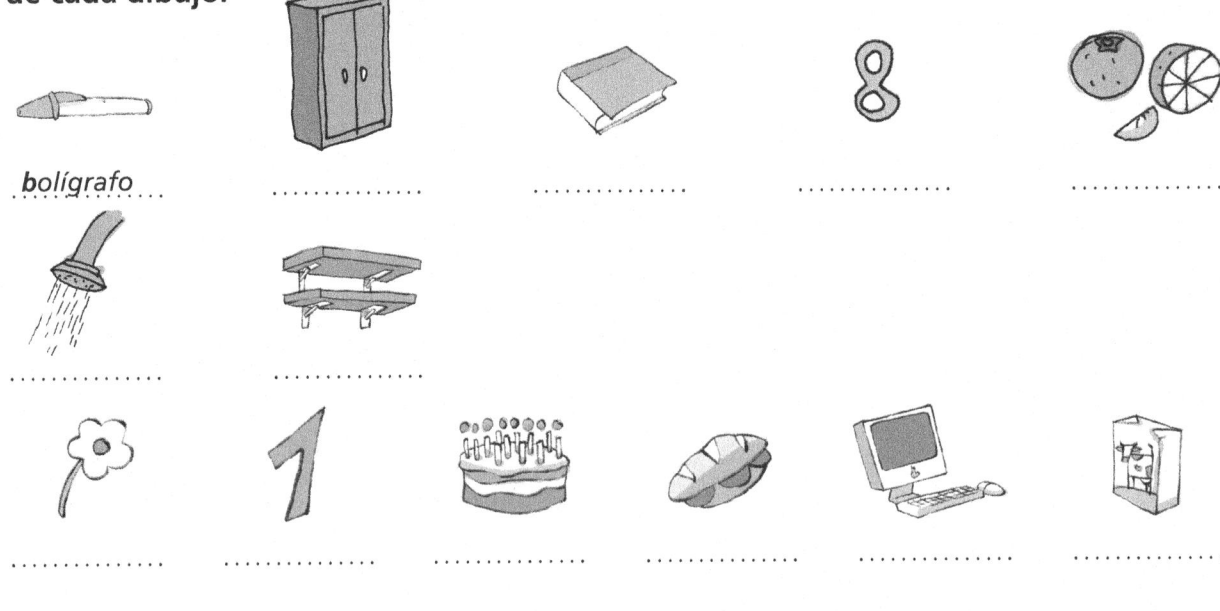

bolígrafo ....

....

....

Regalo: *b*........................

12 ¿Qué come cada uno? Fíjate en la pronunciación.

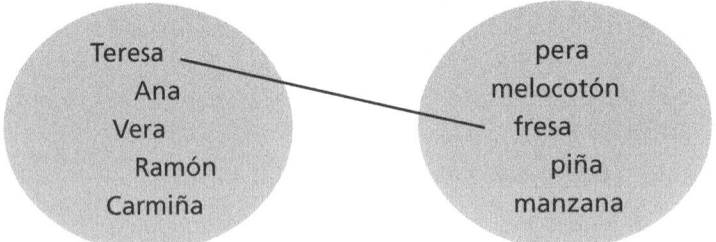

Ej. *Teresa come una fresa.*

13 ¿Qué va a hacer Sol este fin de semana?

Ej. *Sol va a ir a una fiesta de cumpleaños.*

Para mi dossier

6

FÍJATE

AHORA TE TOCA A TI

Aquí va tu dibujo o foto

Querido Miguel:
Hoy es viernes, veintiséis de marzo.
Hoy cumples doce años.
           ¡FELIZ CUMPLEAÑOS!
Muchos besos de
           Paloma

¡Ya sé!

	¡MUY BIEN!	¡BIEN!	¡REGULAR!
Hacer planes			
Dar órdenes			
Vocabulario del cumpleaños			
Las fechas			
Los meses del año			

treinta y uno **31**

7 ¡Qué pesada!

VAMOS A Hablar de nuestras obligaciones
Describir personas
Hablar de la ropa

1 Relaciona cada palabra con su dibujo.

zapatos   vaqueros   camiseta   vestido   chándal   minifalda

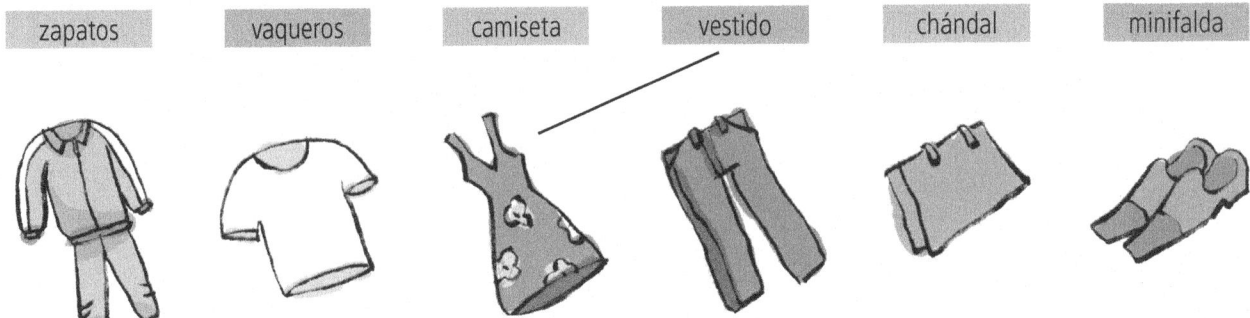

2 Escribe lo que tienen o no tienen que hacer utilizando la forma adecuada.

Ej. Laura *tiene que* ir a trabajar de lunes a viernes.

a) Las personas .... estar muy gordas, no es sano.
b) Vosotros .... hacer los deberes de matemáticas.
c) Tú .... soplar las velas en su cumpleaños.
d) Nosotros .... esperar el autobús en la parada.
e) Yo .... cortarme el pelo, está muy largo.

3 Une las sílabas y forma palabras con la letra "j". Escríbelas en tu cuaderno.

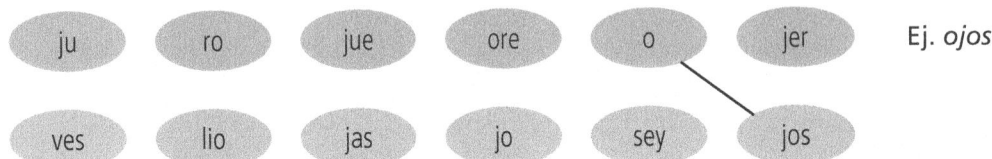

Ej. *ojos*

4 ¿Qué tiene que hacer Miguel?

hacer   limpiar   ordenar
colgar   vaciar   lavar

Ej. *Miguel tiene que lavar las cortinas.*

....
....
....
....

32 treinta y dos

5 Describe cómo eres siguiendo el modelo de Miguel.

Ej. *Miguel es alto y delgado. Su pelo es castaño y tiene los ojos claros. Le gusta llevar ropa deportiva y zapatos cómodos.*

Yo ....
....
....

6 Relaciona y escribe después lo contrario.

larga	vestido	....
corto	falda	....
liso	nariz	*nariz pequeña*
pequeñas	pelo	....
grande	orejas	....

7 Completa las frases con:

a / al   con   de / del   en   para

a) Mi cumpleaños es .... febrero y lo voy .... celebrar .... una fiesta .... casa.
b) La fiesta comienza .... las seis .... la tarde.
c) Esta tarde Paloma va .... cine .... César.
d) Este libro es .... Juan y está muy bien .... aprender español.
e) Los ojos .... profesor son .... color azul.

8 Escribe algunas actividades que tenéis que hacer el sábado.

Ej. *El sábado* tengo que levantarme a las nueve para ir a jugar al baloncesto

a) Por la mañana yo ....
b) A las dos mis padres ....
c) Después de comer vosotros ....
d) Por la tarde mi amigo/a ....
e) Por la noche nosotros ....

9 Ahora escribe lo que quieren o no quieren estas personas.

Ej. *Ana - vestido:* Ana quiere un vestido.

Miguel - zapatos: ....
Paloma - ir al cine: ....
Yo - probarme una camiseta: ....
Nosotros - salir al patio en el recreo: ....
Vosotros - estudiar los domingos: ....

10 Las frases de este diálogo están desordenadas. Ordénalas.

—¿Son para ti?
—Buenos días.
—Pruébate estos vaqueros.
—Sí, son para mí. Me gustan grandes.
—¿Cómo me quedan?
—No, prefiero de color negro.
—Hola, buenos días. Quiero comprar unos vaqueros.
—Sí, no me quedan mal. Me gustan, los compro.
—¿Te gustan de color azul?
—Te quedan muy bien.

—Buenos días.
....
....
....
....
....
....
....
....
....

Pasatiempos

11 Escribe qué objetos encontramos en cada planta de estos grandes almacenes. ¡Recuerda! Usa el diccionario.

Planta 1. Alimentación y cocina
Planta 2. Papelería y librería
Planta 3. Deportes y juguetes
Planta 4. Zapatería Ropa hombre y mujer

Planta 1: pan, ...
Planta 2: lápices, ...
Planta 3: raquetas de tenis, ...
Planta 4: pantalones, ...

12 ¿Quién es quién?

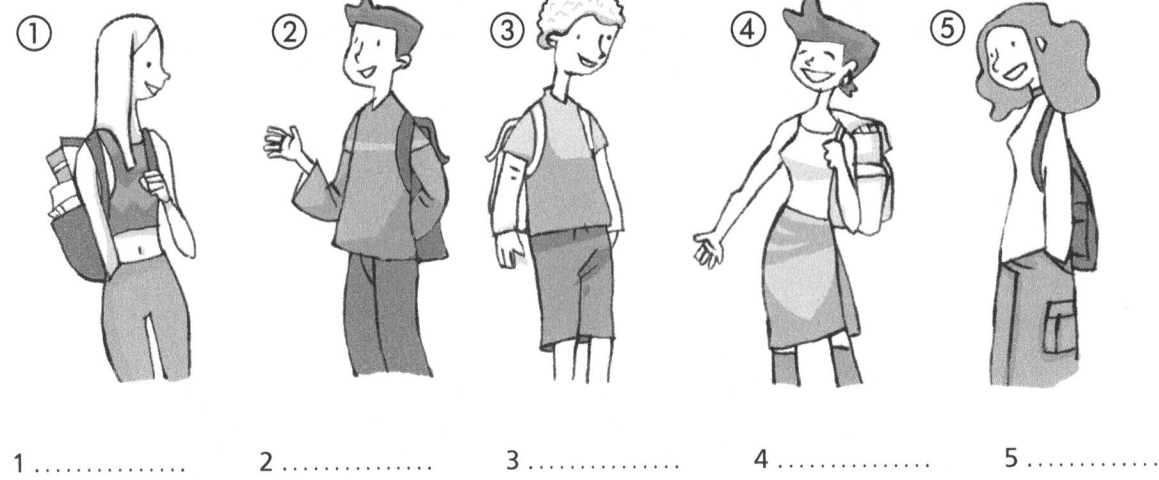

1 .... 2 .... 3 .... 4 .... 5 ....

- Pedro lleva una mochila del mismo color que la de Olga.
- Pedro tiene el pelo corto, igual que el de María.
- María lleva la mochila llena de cosas.
- Fabián tiene el pelo rizado.
- Eva tiene el pelo largo y rubio.

13 Serpiente de palabras. Encuentra siete nombres de cosas que usamos para vestirnos.

Para mi dossier

7

FÍJATE

¡Hola! Soy Sol. Tengo trece años. Soy alta y delgada. Tengo el pelo rubio, largo y liso. Mis ojos son verdes. Me gustan los vaqueros verdes, las camisetas de colores y las botas blancas.

AHORA TE TOCA A TI

Aquí va tu dibujo o foto

¡Ya sé!

	¡MUY BIEN!	¡BIEN!	¡REGULAR!
Hablar de mis obligaciones			
Describir personas			
Las partes de la cara			
Hablar de la ropa			
Las preposiciones			
Palabras de significado contrario			

treinta y cinco **35**

8 ¡Qué emoción!

VAMOS A Hablar de lo que podemos y no podemos hacer
Dar direcciones
Hablar de las profesiones

1 Relaciona cada dibujo con su profesión.

arquitecto   bombero   policía   médico   músico   agricultor

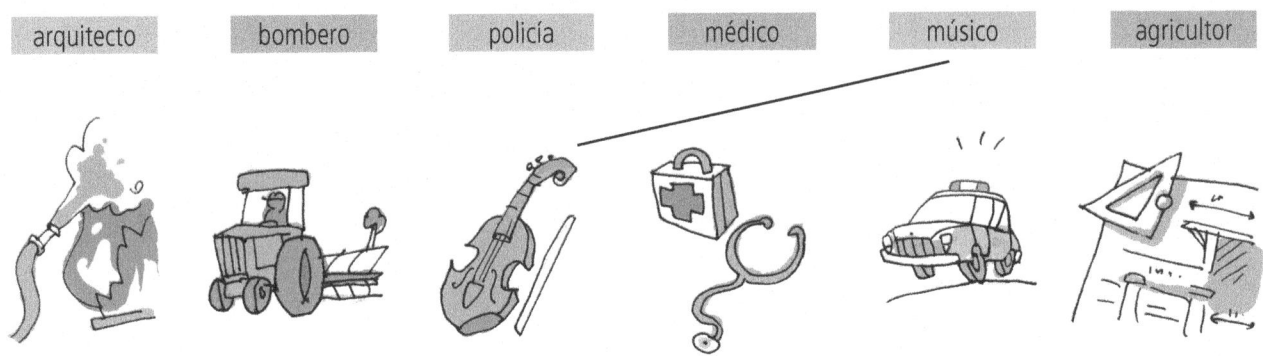

2 Completa con vocales y encuentra seis palabras que aparecen en el diálogo de la historieta.

B....B L........T....C....   ....N F....R M....C........N   ....Z Q............R D....

....S C....N S....R   S....M....F....R....   D....S P....C H....

3 ¿Cómo suenan y cómo se escriben? Elige:

R   RR

Ej. a.rr.oz

t...abajo   p...ofesión   ent...evista...   izquie...da   de...echa   ce...ca

dia...io   p...ime...o   celeb...a...   ...oba...   ...abo   ...amón

4 Ahora completa con R o RR.

a) Podemos come.... dife....entes tipos de f....uta.
b) Le gustan los colo....es ama....illo y ....ojo.
c) Tenemos que subi.... a....iba, a la planta te....ce....a.
d) Césa.... no es ma....oquí, es mexicano.
e) Comp....amos unos ce....eales muy ....icos.

5 ¿Pueden o no pueden? Contesta.

Ej. Tú *no puedes* hablar en la biblioteca.

a) El semáforo está en rojo, nosotros .... cruzar la calle.
b) Vosotros .... buscar información en Internet.
c) Miguel .... entrevistar a su padre.
d) Paloma y Sol .... leer los periódicos en la biblioteca.
e) Yo .... preparar las preguntas de la entrevista.

6 ¿Qué hacen en su trabajo?

Ej. *Músico:* Toca un instrumento musical.

Profesor: ....
Bombero: ....
Peluquero: ....
Deportista: ....
Cantante: ....

7 ¿Y tú qué vas a ser? Explica en tres líneas tu profesión favorita y qué hacen las personas en ese trabajo.

....
....
....

8 Completa con la forma adecuada del verbo *poder*.

Ej. *Podemos* ir de compras esta tarde.

Yo no .... hacer este ejercicio de matemáticas, es muy difícil.
¿............... ir vosotros a comprar el regalo para Sol?
Miguel y César .... jugar dos partidos de fútbol en un día.
Ana no .... preparar la cena, es muy pequeña.
Tú .... ir a la cocina y preparar tu merienda.

9 Escribe qué nos indican las siguientes señales.

Ej. ⬅ = *Ir a la izquierda*

....

....

....

....

10 Indica el orden de las palabras en esta frase.

Raquel Pereira es una periodista.

Ej. *periodista:* Es la quinta palabra.

es: ....
Raquel: ....
una: ....
Pereira: ....

11 ¿Dónde está la biblioteca? Indica a Miguel el camino desde su casa.

Tienes que ....
....
....
....
....
....
....
....

casa de Miguel

Pasatiempos

12 Numera primero las letras y después completa la frase.
Es un consejo para ir por la calle.

A	B	C	D	E	F	G	H	I	J	K	L	M	N	Ñ	O	P	Q	R	S	T	U	V	W	X	Y	Z
													14						20							

N . . . . S . . . .   C . . . . A . . .   . C . . . N
14   17   5 4   19

. . . . .   S . . . . . Á . . . . N . . . .
             13   16 19   16   16

13 Escribe cada letra en su recuadro.

☐ Mi PRIMERA letra está dos veces en *Penélope*.
☐ Mi SEGUNDA letra es una vocal que está en *viernes* pero no en *jueves*.
☐ Mi TERCERA letra está en *hay* pero no en *hoy*.
☐ Mi CUARTA letra está en *Ana* pero no en *mamá*.
☐ Mi QUINTA letra está en *como* pero no en *cama*.

Todas mis letras forman un instrumento musical: . . . .

14 ¿Dónde están estos carteles?

parque   hospital   biblioteca   autobús   tienda de ropa

Silencio, por favor

No pises la hierba

Prohibido fumar

Prohibido hablar con el conductor

Horario
Mañanas: 9:30 a 13:30
Tardes: 16:30 a 20:00

Para mi dossier

FÍJATE

Este es un médico. Trabaja en un hospital. Es una profesión muy interesante. Atiende a las personas enfermas.

AHORA TE TOCA A TI

Aquí va tu dibujo o foto

¡Ya sé!

	¡MUY BIEN!	¡BIEN!	¡REGULAR!
Hablar de lo que podemos y no podemos hacer			
Dar direcciones			
Hablar de las profesiones			
Vocabulario de los lugares de trabajo			
Los números ordinales del 1.º al 5.º			

treinta y nueve 39

9 ¡Qué calor!

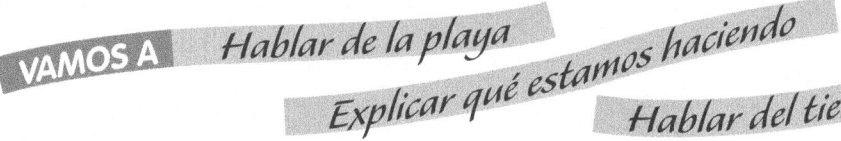

VAMOS A Hablar de la playa
Explicar qué estamos haciendo
Hablar del tiempo

1 Coloca cada palabra en su globo.

mar   gafas de sol   nadar   sol   cielo   bañarse   crema   gorro   descansar   bañador   leer   olas   toalla

- LA PLAYA
- sombrilla
- jugar
- arena

2 Completa las frases con la preposición adecuada.

Ej. ¡Vamos .a. bañarnos!

a) Ponemos las bolsas .... el maletero del coche.
b) Hablamos .... teléfono.
c) Vamos .... la playa.
d) Jugamos .... la arena.
e) Comemos helados .... limón.

3 Fíjate en el mapa y completa las frases.

Ej. En el .sur. de España hay nubes.

a) En el .... está lloviendo.
b) En el .... hace sol.
c) En el .... está nevando.
d) En el .... hace mucho calor
e) En el .... hace mucho frío.

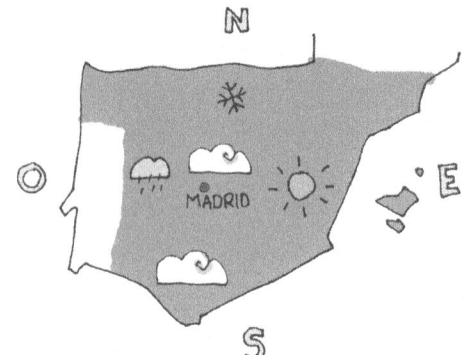

4 Descubre las estaciones del año.

Ej. Llueve mucho y hace viento: .otoño.

a) Vamos a esquiar y jugamos con la nieve: ....
b) Las hojas de los árboles cambian de color y se caen: ....
c) Vamos al campo y brilla el sol: ....
d) Hace mucho calor y comemos helados: ....
e) Los días son cortos y nos ponemos los abrigos: ....

5 Completa con la forma verbal adecuada.

Ej. Yo .estoy leyendo. el periódico.

Tú .... con la arena.
El se .... en el mar.
Nosotros .... helados.
Ellos .... agua.
Vosotros .... por teléfono.

6 **Di lo que están haciendo en casa de Miguel.**

Ej. Miguel *está jugando* con su videojuego.

Laura .... una ensalada de frutas.
Mario y su novia .... una película de vídeo.
Los abuelos .... el periódico en el salón.
Sol .... una felicitación de cumpleaños.
Daniel y Ana .... la mesa para la cena.

7 **Haz preguntas para estas respuestas.**

Ej. *¿Dónde está Mario?* Mario está en su habitación.

.... Estoy tomando el sol.
.... Las islas Baleares están en el este de España.
.... Ahora hace frío en México.
.... No. En el norte de España hace frío.
.... No. Ahora hace sol en el sur de España.

8 **¿Qué tiempo hace? Describe los dibujos.**

....
....
....

9 **Dibuja tu bolsa de playa con cinco cosas dentro. Escribe lo que llevas en la bolsa.**

En la bolsa llevo ....
....
....
....
....

10 **Ordena las letras de estas palabras. Todas ellas tienen relación con la playa.**

F A G A S   .... Protegen tus ojos del sol.
S O H L A E D   .... Son muy ricos.
A C E M R   .... Protege tu cuerpo del sol.
Ñ A D R B A O   .... Te lo pones para bañarte en el mar.
K I B N I I   .... Te lo puedes poner si eres chica.

cuarenta y uno **41**

Pasatiempos

11 Ordena los bloques para descubrir el mensaje oculto.

| GUS | TA | A E | ERA | A P | ME | LAY | NO | N V | A L | IR |

| ME | | | | | | | | | | |

12 ¿Qué dicen estas personas? Ordena los diálogos.

13 Adivina adivinanza. ¿Qué es?

Con la nieve se hace
y el sol lo deshace.

....

Bonita planta
con una flor
que gira y gira
buscando el sol.

....

Para mi dossier

FÍJATE

Querida familia:

Estoy en la playa. Hace mucho calor y brilla el sol, no llueve. Me gusta nadar y comer helados. ¡Lo estoy pasando muy bien! Besos para todos, Irene.

Ramón Rodríguez

C/ Real, 12

28013 Madrid

ESPAÑA

AHORA TE TOCA A TI

Aquí va tu dibujo o foto

¡Ya sé!

	¡MUY BIEN!	¡BIEN!	¡REGULAR!
Hablar de la playa			
Explicar qué estoy haciendo			
Decir qué tiempo hace			
Las estaciones del año			
Los puntos cardinales			

cuarenta y tres 43

10 ¡Qué buena idea!

VAMOS A Repasar   Aprender más vocabulario

1 Escribe cuatro cosas que puedes hacer con estos verbos.

Abrir: un libro, los ojos, la ventana, la puerta

Beber

Comer

Hacer

Comprar

2 Un poco de ortografía. Pon la letra H donde sea necesario.

...ermano   ...abuelo   ...ospital   ...oy
...acer   ...ijo   ...agua   ...ojo

3 Completa las palabras con:

B   V

...añador   no...ia   ...ainilla   ...iento   ...ailar
a...ión   tra...ajo   ...ídeo   ...om...ero fa...or
...año   ...ien   ...estido   som...rilla a...rigo

4 Pon a cada uno en su lugar.

Ej. El domingo es el _séptimo_ día de la semana.
a) Octubre es el .... mes del año.
b) La una es la .... hora del día.
c) Agosto es el .... mes del año.
d) El sábado es el .... día de la semana.
e) El otoño es la .... estación del año.

5 Escribe dónde trabajan.

Ej. Profesor: _Trabaja en un colegio._
Médico: ....
Peluquero: ....
Músico: ....
Agricultor: ....
Pescador: ....

44 cuarenta y cuatro

6 Escribe la profesión representada en cada dibujo.

....*piloto*.... ....

7 Adivina qué es.

Ej. *Una asignatura que empieza por G:* **geografía**

a) Una estación del año que empieza por V: ....
b) Un día de la semana que empieza por J: ....
c) Un mes del año que empieza por F: ....
d) Un número que empieza por U: ....
e) Un color que empieza por B: ....

8 Completa con verbos en la forma adecuada.

Ej. *Nosotros no* **podemos** *ver la tele durante la semana.*

a) Mi hermana .... llevar gafas para proteger los ojos del sol.
b) Yo no .... jugar ahora, ... los deberes de matemáticas.
c) ¿Te .... las faldas o .... los pantalones?
d) Mañana ellos .... comprar los regalos para su cumpleaños.
e) Vosotros no .... jugar al ping-pong con una raqueta de tenis.

9 Elige la palabra adecuada para cada frase.

| chocolate | izquierda | delgada | piña | entrevistas | rojo | pantalones |
| derecha | fresa | alta | vainilla | manzana | cruzar | periodista |

Ej. *Mi madre tiene una amiga* **periodista**

a) Ella hace .... a personas importantes en su profesión.
b) No me gusta el helado de limón. Prefiero el de .... y ....
c) La ...., la .... y la .... son mis frutas favoritas.
d) Le quedan bien los .... porque es .... y ....
e) Podemos ir a la .... y a la .... pero no podemos ...., el semáforo está en ....

10 Pon los verbos que faltan en su forma correcta.

Ej. *Ahora los chicos* **están viendo** *una película en el cine.*

a) Ana no .... salir a jugar porque .... los deberes.
b) No .... bañarme, ... mucho frío.
c) ¿A Miguel le .... la carne o .... el pescado?
d) Mañana nosotros .... comprar un chándal para .... deporte.
e) ¡No .... videojuegos en esa tienda! Yo te .... uno en tu cumpleaños.

cuarenta y cinco **45**

Pasatiempos

11 ¿Qué profesión tiene cada uno?

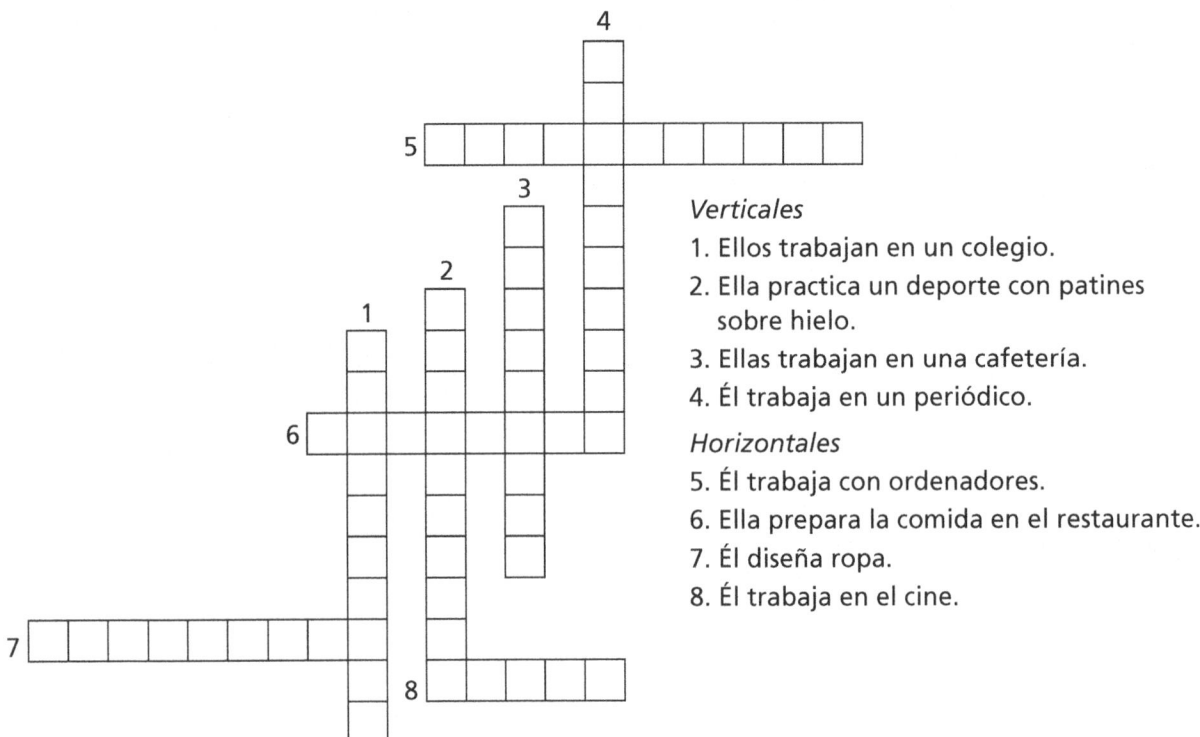

Verticales
1. Ellos trabajan en un colegio.
2. Ella practica un deporte con patines sobre hielo.
3. Ellas trabajan en una cafetería.
4. Él trabaja en un periódico.

Horizontales
5. Él trabaja con ordenadores.
6. Ella prepara la comida en el restaurante.
7. Él diseña ropa.
8. Él trabaja en el cine.

12 Busca las respuestas a estas preguntas en la sopa de letras.

¿Qué deporte jugamos con una raqueta?

¿En qué deporte necesitamos un bañador?

¿Qué deporte juega Pau Gasol?

¿En qué deporte juegan dos equipos de once jugadores?

¿En qué deporte corremos y saltamos?

¿En qué deporte tenemos que meter la pelota en un hoyo?

¿Cómo se llaman las competiciones deportivas que se celebran cada cuatro años?

¿En qué deporte usamos patines?

```
A N G T E N I S O S
N T O A A J E F A C
O X L T F S Y D A E
I Z F E A O A C N H
C O P A T I N A J E
A N Q Z P I I S O P
T S H M D Q S O B S
A Y I C M R I M N M
N L O B T U F C O O
O T S E C N O L A B
```

46 cuarenta y seis

Para mi dossier

VAMOS A LEER

Lee la descripción de este dibujo y busca los errores.

bailando
Estos chicos están ~~saltando~~. Son mexicanos y visten el traje típico de su país. La chica lleva un vestido corto. El chico lleva unos vaqueros, una chaqueta de color claro, unos zapatos y un sombrero muy pequeño. Los sombreros mexicanos son famosos en todo el mundo.

Diccionario Visual

Repaso 6 7 8 9 10

¿Qué recuerdas de la historia?

Escoge la opción correcta.

1. Miguel va a cumplir .... años.
   - a) doce
   - b) trece
   - c) once

2. .... es el mes de la Navidad.
   - a) febrero
   - b) diciembre
   - c) noviembre

3. Ana quiere un .... nuevo.
   - a) coche
   - b) bikini
   - c) vestido

4. En España vamos a la playa en ....
   - a) verano
   - b) invierno
   - c) otoño

5. Chile está en América del ....
   - a) sur
   - b) norte
   - c) oeste

6. El Diario de Noticias está .... de la biblioteca.
   - a) lejos
   - b) cerca
   - c) enfrente

7. A veces merendamos chocolate con ....
   - a) churros
   - b) plátanos
   - c) cereales

8. A Sol le queda muy bien ....
   - a) el vestido
   - b) la camiseta
   - c) el pantalón

9. Daniel toca ....
   - a) el piano
   - b) el violín
   - c) la guitarra

10. Cruzamos con el semáforo en ....
    - a) rojo
    - b) amarillo
    - c) verde

¿Cuántos puntos tienes?

15-13	¡MUY BIEN!		
12-8	¡BASTANTE BIEN!		
7-5	¡REGULAR!		
4-0	¡TIENES QUE REPASAR MÁS!		

¿Qué recuerdas de gramática, vocabulario y ortografía?

Escoge la opción correcta.

1. Miguel celebra el cumpleaños ....
   - a) el 26 en marzo
   - b) la 26 en marzo
   - c) el 26 de marzo

2. Esta es la .... película que veo este mes.
   - a) divertida
   - b) quinta
   - c) favorita

3. Paloma es de ....
   - a) Ginea
   - b) Guinea
   - c) Jinea

4. ¡No .... ese vaso de agua!
   - a) bebes
   - b) bebe
   - c) bebas

5. ¡............... aquí! ¡No ....! Está lloviendo.
   - a) Vienes / salgáis
   - b) Venid / salgáis
   - c) Venís / salgáis

6. Yo .... que comprar un vestido.
   - a) tengo
   - b) tenemos
   - c) tienes

7. Hoy comemos .... nuestros amigos.
   - a) en
   - b) por
   - c) con

8. En verano en la playa ....
   - a) hay calor
   - b) hace calor
   - c) está calor

9. .... las once de la noche y tienes que dormir.
   - a) Es
   - b) Son
   - c) Hay

10. El camarero trabaja en ....
    - a) un restaurante
    - b) una tienda
    - c) un hospital

¿Cuántos puntos tienes?

15-13	¡MUY BIEN!	😃	
12-8	¡BASTANTE BIEN!	🙂	
7-5	¡REGULAR!	😐	
4-0	¡TIENES QUE REPASAR MÁS!	😠	

11 ¡Qué dolor!

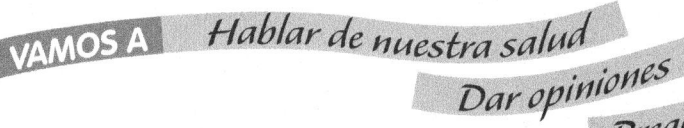

VAMOS A Hablar de nuestra salud
Dar opiniones
Preguntar y dar razones

1 Relaciona cada palabra con su dibujo.

inyección   doctor   jarabe   termómetro   enfermera   pastillas

2 Completa las palabras. Son seis partes del cuerpo.

E . . . . A   P . . . . A   B . . . . A
C . . . . A   B . . . . O   M . . . . . O

3 Fíjate en las caras y coloca las frases en cada una.

estoy contenta   estoy fuerte   me duele la barriga   estoy cansado
estoy sana   me duele la cabeza   voy a jugar   tengo fiebre

4 Completa con:

porque   por qué   Ej. ¿ *Por qué* estás triste? *Porque* no tengo amigos.

a) ¿. . . . . vas al médico? . . . . estoy enfermo.
b) ¿Qué pasa aquí? ¿. . . . . lloráis?
c) Están llorando . . . . tienen miedo.
d) Está cansado . . . . estudia mucho.
e) ¿. . . . . lleva la sombrilla? . . . . va a la playa.

5 Completa el texto con estas palabras.

termómetro   cita   tengo que   abrigo   revisión   porque
hospital   hace   vacunando   creo que   fiebre

. . . . estoy enfermo . . . . me duele la cabeza. Voy a ponerme el . . . . porque puedo tener . . . . Voy a ir al médico pero . . . . pedir . . . . El doctor trabaja hoy en el . . . . Está . . . . a Ana y tiene que hacer una . . . . a Miguel. Voy a ponerme el . . . . para salir, en invierno . . . . mucho frío.

52 cincuenta y dos

6 **Cambia las frases de *tú/vosotros* a *usted/es*.**

Ej. *Tú tienes que ir al médico.* Usted tiene que ir al médico.

a) ¿Jugáis vosotros al tenis esta tarde? ....
b) Tú no puedes cruzar la calle con el semáforo en rojo. ....
c) Tú compras fruta muy rica en esa tienda. ....
d) ¿Tomáis vosotros chocolate con churros todas las tardes? ....
e) Hace mucho calor, tienes que beber agua. ....

7 **Dibuja tres cosas que pueden estar en el botiquín del médico y escribe sus nombres.**

8 **Expresa tu opinión con:**

creo que   me parece que

Ej. *Creo que* va a cumplir trece años.

a) .... está enfermo porque le duele la barriga.
b) .... va a nevar, hace mucho frío.
c) Voy a ir a la playa porque .... va a hacer sol.
d) Estoy cansada, ... no voy a ir al cine con Susana.
e) Me duele mucho el brazo, ... está roto.

9 **Indica a una persona mayor qué cosas son buenas para su salud.**

Ej. *Descanse* (descansar) *unas horas después de comer.*

a) .... *(beber)* mucha agua en verano.
b) .... *(subir)* en ascensor, el despacho está en la cuarta planta.
c) .... *(comer)* demasiados dulces.
d) .... *(caminar)* una hora todos los días.
e) .... *(abrir)* la ventana, hace mucho frío en la calle.

10 **Describe a tu profesor. Empieza por la cabeza hasta los pies, explica cómo va vestido.**

....
....
....

11 **Escribe cinco palabras con CH y cinco con H.**

Ej. *ch*ocolatería, *h*ijo.

CH ....
H ....

Pasatiempos

12 Numera primero las letras y después completa la frase.
Es un consejo para tener buena salud.

A	B	C	D	E	F	G	H	I	J	K	L	M	N	Ñ	O	P	Q	R	S	T	U	V	W	X	Y	Z
			4										14							21						

T . . . .   L . . . . Í . . . . M . . .
21   4   20   4   21

. . . . . . M . . . . P . . . . T . . . .
  14   14   1   1   14

. . . . . . M . . . . T . . . . . . N . . . .
          14   20

13 Llena cada dedo con palabras que tienen esa letra.

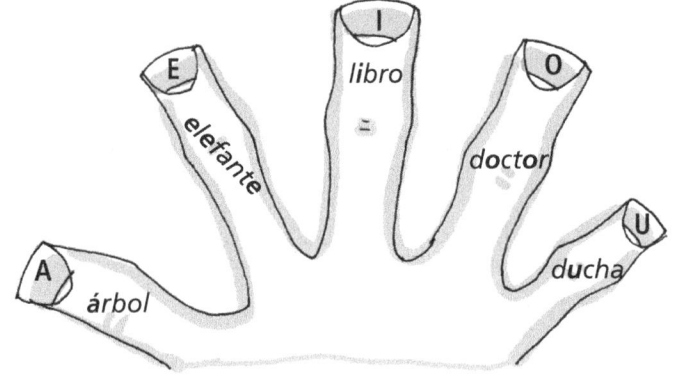

14 ¿Quién es quién?

1 . . . . 2 . . . . 3 . . . . 4 . . . . 5 . . . . 6 . . . .

- Teresa es la enfermera.
- Vanesa tiene una pierna rota.
- Quique, el hijo de Lucía, tiene dolor de barriga.
- Óscar tiene gripe.
- Felipe tiene que vacunar a su bebé.

54 cincuenta y cuatro

Para mi dossier

FÍJATE

Este es mi padre, Daniel. Hoy no va a trabajar. Le duele la barriga y la cabeza. Creo que está enfermo.

AHORA TE TOCA A TI

Aquí va tu dibujo o foto

¡Ya sé!

	¡MUY BIEN!	¡BIEN!	¡REGULAR!
Hablar de mi salud			
Las partes del cuerpo			
Dar opiniones			
Preguntar y dar razones			
Usar *usted*			

cincuenta y cinco 55

12 ¡Qué divertido!

VAMOS A Hablar de la granja
Situar las cosas
Conocer los animales domésticos

1 Escribe el nombre de estos animales de la granja.

....gato....   ....

2 Completa con:

| l | ll | y |

co...mena   ...evar   ho...   ga...ina   ...over   ...a
...eno   ...o   anima...es   e...os   ma...o   ...egua

3 ¿Cómo se escribe? Elige:

| B | V |

ca...allo   o...eja   ce...olla   hue...o
...aca   a...eja   ár...ol   de...ajo

4 Elige y completa.

| dentro | debajo | encima | fuera |

Ej. *El gato y el perro viven* ..dentro.. *de la casa.*

a) Las vacas y caballos viven .... de la casa.
b) Estos animales están en el campo y por la noche duermen .... del establo.
c) El gato está .... del tejado.
d) El perro está durmiendo .... del árbol.
e) La comida del granjero está .... de la mesa.

5 Completa con *mucho* o *poco* en la forma adecuada.

Ej. *César siempre toma* ..mucha.. *comida.*

a) Daniel y Laura están cansados porque trabajan .... horas.
b) Le gusta la asignatura de educación física porque tiene que estudiar ....
c) Los abuelos no celebran su cumpleaños porque cumplen .... años.
d) Siempre se quema con el sol porque se pone .... crema.
e) Toma .... zumos de fruta, son muy sanos.

6 ¿Cuántos animales de la granja conoces? Usa tu diccionario.

Tienen dos patas: *gallina*, ..., ..., ..., ..., ...
Tienen cuatro patas: *perro*, ..., ..., ..., ..., ...

▸ ¿Y cuántos alimentos de la granja?
De la huerta: *tomate*, ..., ..., ..., ..., ...
De los animales: *leche*, ..., ..., ..., ..., ...

7 Escribe dentro del cesto cuatro tareas que se tienen que hacer en la granja. Consulta el diálogo de la historieta y tu diccionario.

recoger manzanas

8 Completa el texto con estas palabras.

| muchos | leche | recoger | maíz | colmenas | pocos | regar | porque | abejas | cuidar |

El granjero trabaja en el campo. Allí tiene que .... la huerta, ... los huevos y .... los tomates y pimientos. El gallo canta por la mañana al salir el sol y las gallinas comen .... y ponen .... huevos. Las .... fabrican miel en sus .... y las vacas dan .... Allí hay .... ratones .... tienen miedo al gato.

9 Expresa cantidad con la palabra adecuada.

Ej. *Eres pequeña y tienes que beber* .*mucha*. *leche.*

a) Siempre tienen .... huevos porque los recogen en su granja.
b) Tengo .... tiempo para jugar porque tengo que hacer los deberes.
c) A Sol le gustan los pantalones y tiene .... vestidos.
d) Está enfermo porque tiene .... fiebre.
e) Es muy aburrida y tiene .... amigas.

10 Indica dónde están las cosas con estas palabras.

| dentro | debajo | encima | cerca | lejos |

Ej. *El vaso está* .*encima*. *de la mesa.*

a) Las toallas están .... del armario.
b) La parada del autobús está .... de mi casa.
c) Paloma es de un país que está .... de aquí.
d) Los libros están .... de la estantería.
e) Ana guarda sus juguetes .... de su cama.

11 Relaciona.

¡Qué pesada!   Le ponen una inyección todos los días.
¡Qué divertido!   Siempre quema las tostadas.
¡Qué desastre!   Mañana no hay clase.
¡Qué calor!   Siempre terminamos la clase con un juego.
¡Qué guay!   En el sur de España hay 40 °C en verano.
¡Qué dolor!   Siempre llega tarde.

Pasatiempos

12 Laberinto de palabras: usa tu diccionario para elegir la palabra correcta.

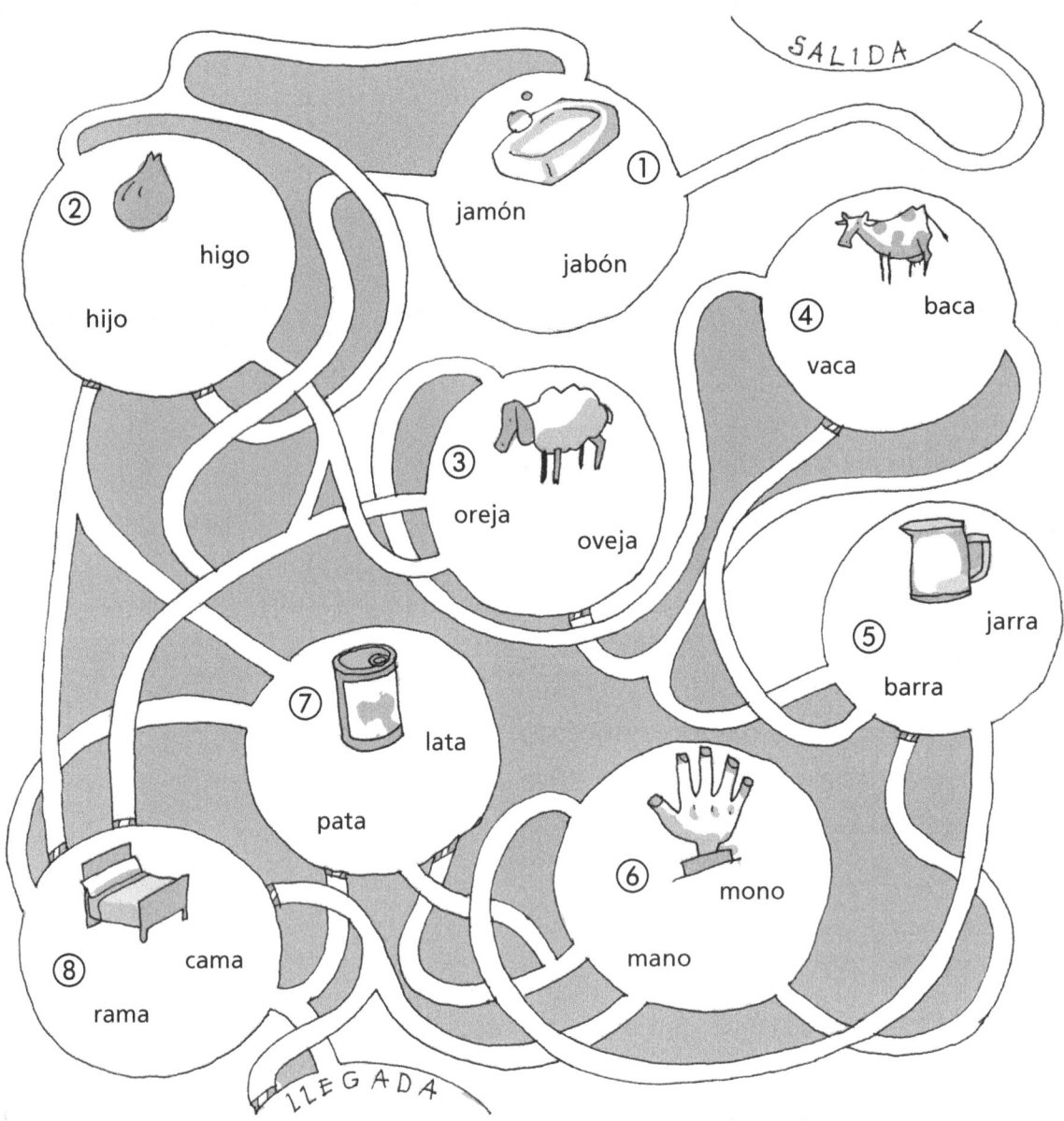

13 Completa esta rima. Usa tu diccionario.

Tengo, tengo, tengo
Tu no tienes .... = Contrario de todo.
Tengo tres .... = Animal de granja.
En una .... = Casa pequeña.
Una me da .... = La bebes al desayuno.
Otra me da .... = Es para hacer ropa.
Y otra .... = La pones en la tostada.
Para toda la .... = Tiene siete días.

cabaña   semana   nada   ovejas   mantequilla   leche   lana

Para mi dossier

12

FÍJATE

AHORA TE TOCA A TI

Aquí va tu dibujo o foto

Esta es una gallina. Es un animal doméstico. Vive en la granja. La gallina pone huevos.

¡Ya sé!

	¡MUY BIEN!	¡BIEN!	¡REGULAR!
Hablar de la granja			
Los animales domésticos y de la granja			
Los productos y trabajos de la granja			
Expresar cantidad			
Decir dónde están las cosas			

cincuenta y nueve

13 ¡Qué miedo!

VAMOS A Hablar del circo
Describir y comparar cosas
Conocer los animales salvajes

1 Relaciona cada animal con su nombre.

| león | elefante | delfín | mono | tigre | foca |

2 ¿Cómo se escribe? Elige: G J

...ente   ...irafa   ma...o   ...ran...a
ti...re   inteli...ente   salva...e   ...racioso

3 Las profesiones del circo: adivina quiénes son.

Ej. *Hacen juegos con las manos:* **los malabaristas**

a) Trabajan con los animales salvajes: ....
b) Trabajan en el aire: ....
c) Hacen magia: ....
d) Son graciosos: ....
e) Tienen mucho equilibrio: ....

4 Compara.

Ej. *El oso es* **más pequeño que** *(pequeño) el elefante.*

a) El payaso es .... *(valiente)* el trapecista.
b) Ana es .... *(guapo)* como su madre.
c) Los elefantes son .... *(grande)* los leones.
d) La gallina es .... *(fuerte)* el tigre.
e) Las cebras son .... *(alto)* como los caballos.

5 Relaciona y explica cómo son los meses comparando con los demás meses del año. Usa tu diccionario.

| febrero | agosto | enero | abril | mayo | octubre |

| primaveral | frío | florido | otoñal | corto | caluroso |

Ej. *El mes de abril es el más primaveral.*

6 Relaciona las palabras de los dos globos.

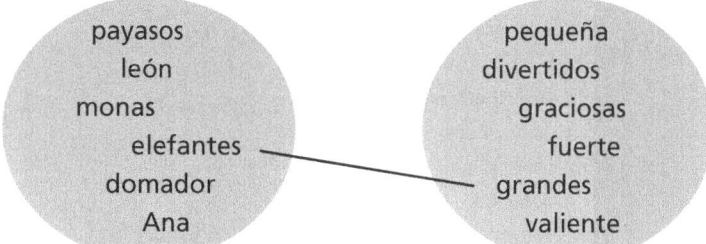

7 Pon los verbos en la forma correcta.

Ej. ¡ *Mira* (mirar), *papá, un oso!*

a) ¡Niños, no .... (pelear) y .... (venir) aquí!
b) Me está .... (gustar) mucho el circo.
c) .... (Querer) palomitas. Yo (tener) menos que Miguel.
d) En el circo .... (haber) muchas cosas.
e) Vosotros .... (poder) comprar pipas y palomitas.

8 Haz comparaciones.

Ej. *César / Miguel* (gordo). *César es más gordo que Miguel.*

a) Sol / Ana *(alto).* ....
b) Ana / Mario *(pequeño).* ....
c) Laura / Sol *(rubio).* ....
d) César / Miguel *(moreno).* ....
e) Miguel / su hermano *(fuerte).* ....

9 Escribe dentro del dibujo cinco cosas que hay en el circo y fuera de él cinco cosas que no hay.

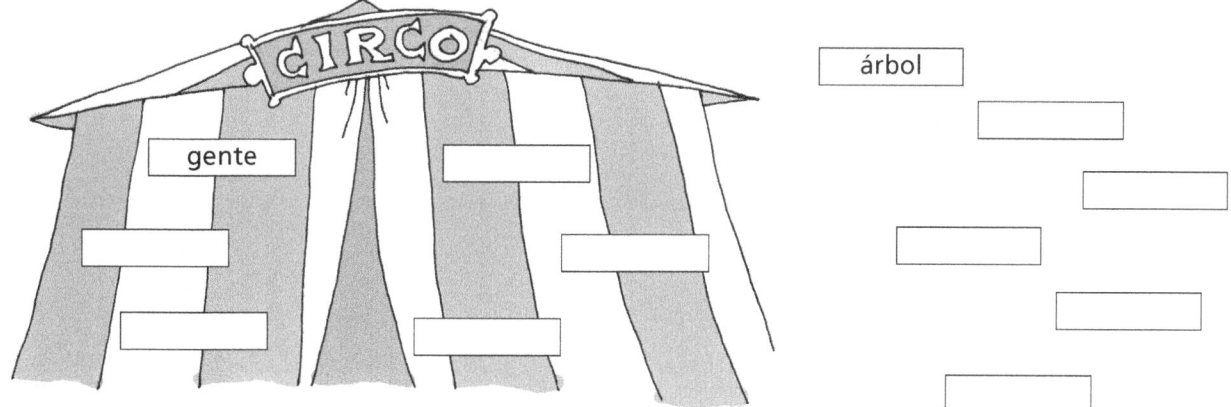

10 Explica cómo son siguiendo el ejemplo.

Ej. *Ana es* *la más pequeña* *(pequeña) de la casa.*

a) César es .... *(gracioso)* de los amigos.
b) Sol es .... *(inteligente)* de la clase.
c) Nuestro colegio es .... *(grande)* de la ciudad.
d) La excursión a la granja es .... *(divertida)* de todas.
e) Paloma es .... *(alta)* de las chicas.

Pasatiempos

11 ¿De quién es el regalo?

Me llamo Paula. Mi regalo no es el más pequeño. No es el de la izquierda. Está al lado del regalo de Sandra.

No me llamo Isabel. Mi regalo está entre el de Paula y el de Isabel. Es el más pequeño.

Me llamo Inés. Mi regalo es diferente de los otros tres.

Mi regalo es tan grande como el de Inés.

....

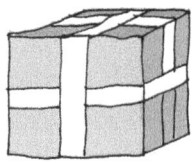  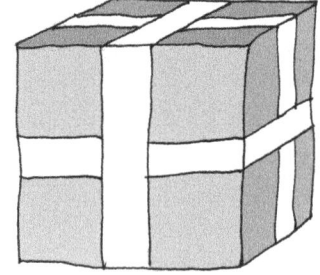 

12 Descubre y explica las diferencias.

A

B

Ej. A *El domador tiene un sombrero.*   B *El domador no tiene un sombrero.*

Para mi dossier

13

FÍJATE

AHORA TE TOCA A TI

Aquí va tu dibujo o foto

Este es un elefante. Es un animal salvaje. Vive en la selva. Tiene unas orejas muy grandes y una trompa muy larga. El elefante es el animal más fuerte.

¡Ya sé!

	¡MUY BIEN!	¡BIEN!	¡REGULAR!
Hablar del circo			
Los animales salvajes			
Decir lo que hay y no hay			
Describir y comparar cosas y animales			
Describir y comparar personas			

sesenta y tres **63**

¡Qué nervios!

VAMOS A Hablar del pasado cercano
Expresar estados de ánimo
Hablar de los exámenes

1 Coloca las expresiones según su significado.

¡Qué guay! ....
....
....

¡Qué guay! ¡Qué rollo! ¡Qué bonito! ¡Qué nervios! ¡Qué problema! ¡Feliz cumpleaños!

2 Completa después de leer el diálogo de la historieta.

Estamos nerviosos .... tenemos un .... de geografía. Mi hermano siempre me .... a prepararlo y después .... juntos. En clase yo .... las preguntas con atención y .... todas, de la primera a la décima. Los exámenes nunca me .... mal.

3 Pon la tilde del acento a estas palabras del diálogo.

matematicas   dificil   geografia   podeis
facil   septima   atencion   examenes

4 Conjuga los siguientes verbos en pretérito perfecto.

LLEGAR
Yo ....
Tú *has llegado*
Él ....
Nosotros ....
Vosotros ....
Ellos ....

COMER
Yo ....
Tú ....
Él *ha comido*
Nosotros ....
Vosotros ....
Ellos ....

SALIR
Yo *he salido*
Tú ....
Él ....
Nosotros ....
Vosotros ....
Ellos ....

5 Pon las frases en pasado siguiendo el ejemplo.

Ej. *No me gusta el helado de vainilla.* *No me ha gustado el helado de vainilla.*

a) Vamos al circo para ver animales salvajes. ....
b) El profesor corrige exámenes en el colegio. ....
c) Los alumnos hacen los deberes de geografía por la tarde. ....
d) Compran la fruta en la tienda de la izquierda. ....
e) Riego los tomates de la granja. ....

6 Escribe dentro del libro cinco cosas que tienes que hacer para aprobar. Haz una frase con cada una de ellas.

Ej. *Tengo que aprender el nuevo vocabulario.*

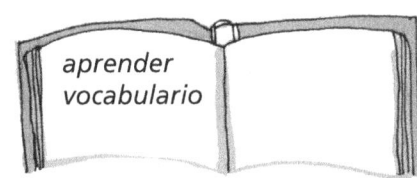

aprender vocabulario

7. Escribe cómo te sientes en cada situación.

Ej. *Tengo un examen. Estoy* **nervioso**.

a) He sacado un sobresaliente. Estoy ....
b) Tengo fiebre. Estoy ....
c) He jugado dos partidos. Estoy ....
d) He suspendido el examen. Estoy ....
e) ¡Qué rollo! Estoy ....

8. Pon la tilde del acento si es necesario.

mecanico	lapiz	martes	platano	hermana	salon
examen	limon	medico	jamas	mapa	aprobar
pelicula	aqui	repasar	peor	aleman	marroqui
informatico	sillon	domingo	nunca	holandes	capital

9. ¿Qué ha hecho Miguel?

hacer   limpiar   ordenar
colgar   vaciar   lavar

Ej. *Miguel ha lavado las cortinas.*

....
....
....
....
....

10. Completa con la forma adecuada.

Ej. *Estoy nervioso y he* **roto** *(romper) el jarrón.*

a) ¿Has .... (poner) ya la mesa? Vamos a comer ahora.
b) No ha .... (ver) la tele esta semana.
c) Esta mañana hemos .... (hacer) las camas.
d) ¿Habéis .... (escribir) una felicitación de cumpleaños alguna vez?
e) Ellos han .... (decir) que están aburridos.

11. Contesta las preguntas siguiendo el ejemplo.

Ej. *¿Qué has hecho hoy?* **Hoy he ido al colegio.**

¿Qué has hecho antes de ir al colegio? ....
¿Qué has desayunado esta mañana? ....
¿Qué libro has leído este mes? ....
¿Qué has comido hoy? ....
¿Qué has puesto en la tercera pregunta de esta actividad? ....

Pasatiempos

12 El "virus" informático se "ha comido" todas las letras consonantes. ¿Puedes arreglarlo?

. . . O . . . E . . . IO	Es el lugar donde los chicos estudian y los profesores trabajan.
. . . I . . . . . . IO . . . E . . . A	Es el lugar donde puedes leer libros.
. . . O . . . . . . I . . . A . . .	Es el lugar donde trabajan los médicos.
. . . I . . . . . . O	Es el lugar donde hay payasos, equilibristas…
. . . . . . A . . . . . . A	Es el lugar donde hay animales domésticos.
. . . A . . . E . . . E . . . ÍA	Es el lugar donde los chicos toman chocolate con churros.

13 Describe dónde están los gatos. Usa estas palabras.

| debajo | encima | dentro | fuera | delante | detrás | cerca |

Ej. *El gato está cerca de la tostadora.*

14 Adivina adivinanza. ¿Qué es?

La letra más alta soy
y muy delgada también.
La luna y el sol me llevan,
el aire nunca me ve.

. . . .

El profesor y su hija, el médico y su mujer
han comido nueve pasteles,
cada uno ha comido tres.
¿Cómo ha podido ser?

. . . .

Para mi dossier

FÍJATE

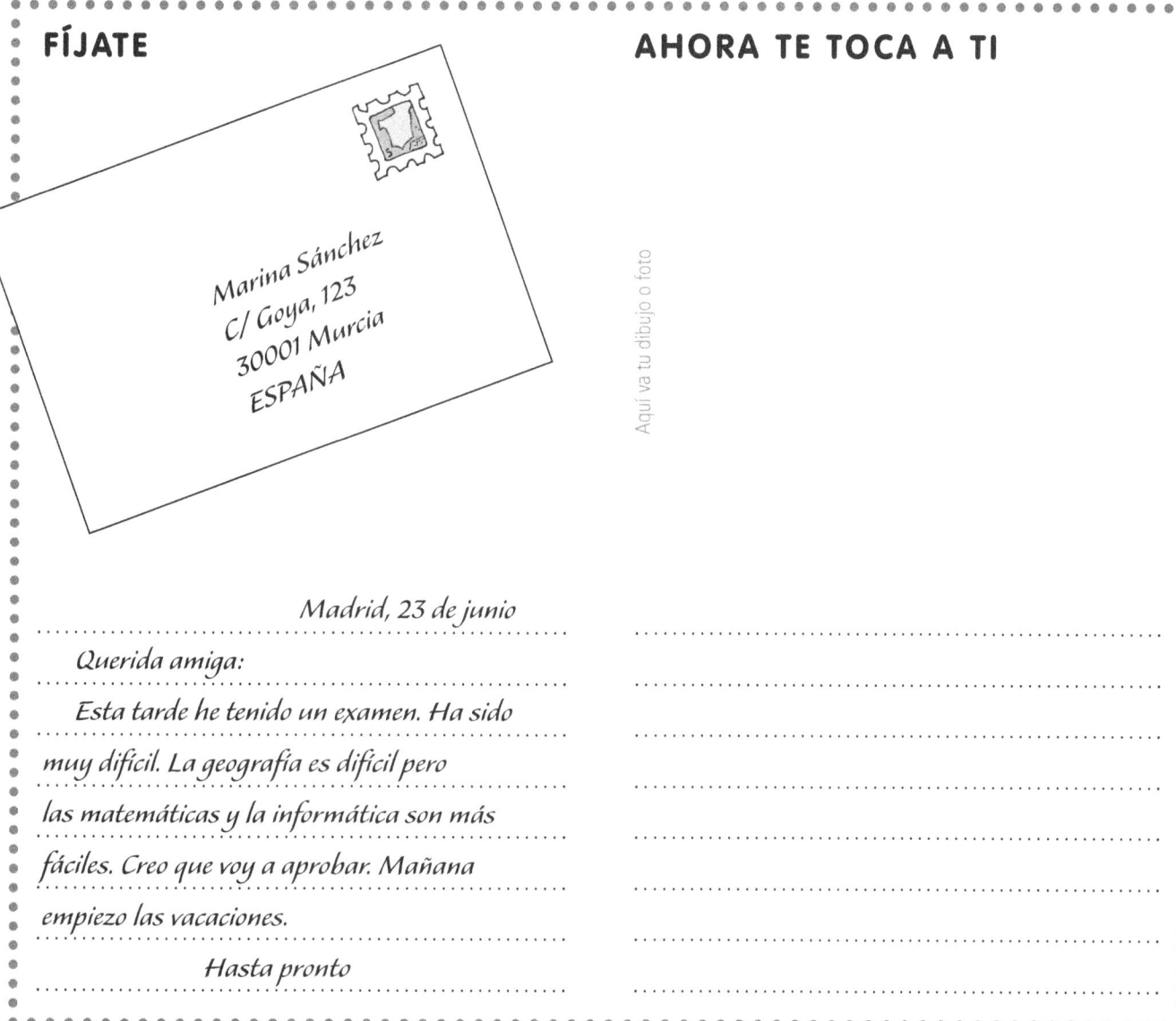

Madrid, 23 de junio

Querida amiga:

Esta tarde he tenido un examen. Ha sido muy difícil. La geografía es difícil pero las matemáticas y la informática son más fáciles. Creo que voy a aprobar. Mañana empiezo las vacaciones.

Hasta pronto

AHORA TE TOCA A TI

Aquí va tu dibujo o foto

¡Ya sé!

	¡MUY BIEN!	¡BIEN!	¡REGULAR!
Hablar del pasado cercano			
Hablar de los exámenes			
Expresar mi estado de ánimo			
Acentuar las palabras con tilde			

15 ¡Qué buenas vacaciones!

VAMOS A Repasar
Aprender más vocabulario

1 Indica si es un saludo (S) o una despedida (D).

Ej. ¡Hola! _S_

¡Adiós! ...   ¡Buenos días! ...
¡Bienvenida! ...   ¡Hasta pronto! ...
¡Hasta luego! ...   ¡Felices vacaciones! ...

2 Pon la tilde del acento si es necesario.

azucar	lampara	sabado	profesor	violin	alli
semaforo	autobus	metro	estamos	futbol	cafe
Mexico	mejor	circo	telefono	foca	sofa

3 Escribe un animal, una cosa y un alimento que empiece por:

Ej. M _mono, mesa y mantequilla_
L ....
T ....
C ....
A ....
F ....

4 Calcula y completa.

Ej. Veinte más cinco son: _veinticinco_
Cuarenta más uno son: ....
Doscientos menos cincuenta son:
....
Setenta menos siete son: ....
Diez mil multiplicado por diez son:
....
Un millón tiene .... ceros.

5 Conjuga estos verbos en pretérito perfecto.

HACER   VER
Yo ....   Yo ....
Tú ....   Tú _has visto_
Él ....   Él ....
Nosotros _hemos hecho_   Nosotros ....
Vosotros .... Vosotros ....
Ellos ....   Ellos ....

6 Pon estas frases en pasado.

Ej. Miguel y sus amigos _han tenido_ (tener) que trabajar mucho este curso.

a) Paloma y Sol .... (hacer) los deberes y ahora van a jugar.
b) Las gallinas .... (poner) pocos huevos esta semana.
c) La profesora ya .... (escribir) los ejercicios en la pizarra.
d) No .... (ver) a mis amigos estas vacaciones.
e) El médico .... (decir) que no os pongáis nerviosos.

7 Coloca estas palabras en su globo.

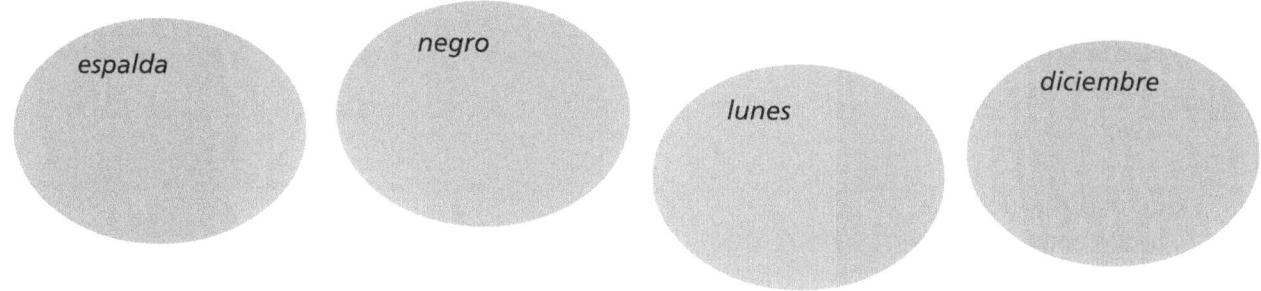

abril	miércoles	junio	ojos	verde	sábado
brazo	rojo	pierna	jueves	octubre	azul
enero	amarillo	martes	pie	mano	blanco
septiembre	viernes	domingo	rosa	nariz	febrero

8 Escribe:

Cinco cosas que hay en una casa: ....
Cinco cosas que no hay en un colegio: ....
Cinco animales que hay en la granja: ....
Cinco cosas que no hay en la playa: ....
Cinco alimentos que hay en una fiesta: ....

9 Haz preguntas para estas respuestas.

Ej. *¿Has recogido ya los billetes de avión?*   Sí, ya he recogido los billetes de avión.

a) ....   No, no he preparado aún la maleta.
b) ....   No, no he estado nunca en España.
c) ....   He venido en tren a Madrid.
d) ....   Estas vacaciones he ido a Italia.
e) ....   He ido de vacaciones con mis primos.

10 Completa con el verbo en la forma adecuada.

Ej. *Miguel está comiendo (comer) un bocadillo de chorizo para la merienda.*

a) El próximo verano .... (ir) a las islas Canarias en barco. Yo .... (preferir) el mar al campo.
b) Los lunes nosotros .... (jugar) al tenis y los martes .... (escuchar) música.
c) ¡............... (ir) a nadar! ¡............... (hacer) mucho calor!
d) Miguel, ¿............... (estar) alguna vez en Guinea? ¿No .... (ver) nunca fotos de allí?
e) Este curso nosotros .... (estudiar) español y .... (aprender) muchas cosas nuevas.

11 Escribe en tres líneas qué has hecho este fin de semana. Utiliza los verbos en pasado.

....
....
....

Pasatiempos

12 Adivina qué familiares son.

Son dos hermanas,
y mentira no es,
una es mi tía,
y ella no lo es.   ....

Dos madres y dos hijas,
y juntas compran
sólo tres camisas.   ....

13 Usa tu diccionario y busca...

• Dos cosas más pequeñas que un libro: ....
• Dos cosas más grandes que una silla: ....
• Dos animales salvajes menos inteligentes que el delfín: ....
• Dos animales domésticos más rápidos que la gallina: ....
• Dos cosas rojas: ....

14 Escribe el nombre de la ropa y ordénala según la estación.

camiseta   ....

VERANO

camiseta

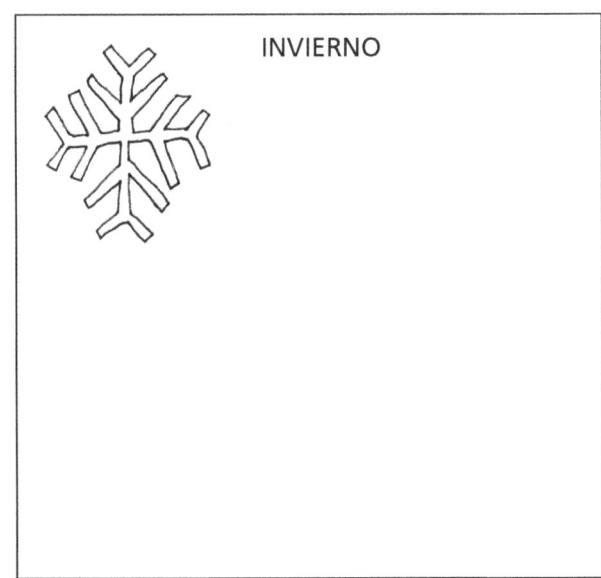

INVIERNO

▶ Busca en el diccionario dos palabras más para cada estación y dibújalas.

Para mi dossier

VAMOS A LEER

Lee la descripción de Buenos Aires y completa el texto con estas palabras.

| Presidente | millones | Argentina | este | importante | mar |

Buenos Aires es la capital de .... Está situada en el .... del país junto al .... Es una ciudad muy grande, la décima ciudad más grande del mundo. Tiene más de doce .... de habitantes. En la foto está la casa más .... de la ciudad, la Casa Rosada, donde vive el ....

Diccionario Visual

Repaso 11 12 13 14 15

¿Qué recuerdas de la historia?

Contesta estas preguntas.

1. ¿Quién tiene miedo a las inyecciones? ....
2. ¿Qué le duele al niño que llora? ....
3. ¿Dónde han ido de excursión los chicos? ....
4. ¿Qué está recogiendo Sol dentro del corral? ....
5. ¿Qué hay en el circo? ....
6. ¿Quién ha metido la cabeza en la boca del león? ....
7. ¿De qué asignatura ha sido el examen de Miguel y sus amigos? ....
8. ¿Cómo está Miguel antes del examen? ....
9. ¿Dónde viven los abuelos de Miguel? ....
10. ¿Cómo van a ir a ese país? ....
11. ¿Dónde está merendando César en la granja? ....
12. ¿Qué quiere Ana en el circo? ....
13. ¿Cómo ha hecho Miguel el examen? ....
14. ¿Quién ha vacunado a Ana? ....
15. ¿Qué transporte es más rápido para ir al aeropuerto? ....

¿Cuántos puntos tienes?

15-13	¡MUY BIEN!		
12-8	¡BASTANTE BIEN!		
7-5	¡REGULAR!		
4-0	¡TIENES QUE REPASAR MÁS!		

¿Qué recuerdas de gramática, vocabulario y ortografía?

Completa estas frases.

1. La mano tiene cinco ....
2. ¿Por qué vas al médico? .... me duele la cabeza.
3. Tú estás en el colegio y ustedes .... en casa.
4. Este regalo es .... tu prima. Creo que le va a gustar.
5. Los animales duermen .... del corral.
6. La gallina pone ....
7. César quiere .... granjero.
8. Un león es .... grande que un gato.
9. Un perro es .... peligroso que un tigre.
10. De todos los animales, el delfín es ....
11. El examen de esta mañana me .... muy bien.
12. No .... hablar con los compañeros en el examen.
13. El número 1.300 se escribe ....
14. En pasado se dice: "Yo .... *(hacer)* bien las actividades del Cuaderno".
15. Sol nunca .... *(viajar)* fuera del ordenador.

¿Cuántos puntos tienes?

15-13	¡MUY BIEN!		
12-8	¡BASTANTE BIEN!		
7-5	¡REGULAR!		
4-0	¡TIENES QUE REPASAR MÁS!		

Álbum de Palabras

Ordena aquí tu vocabulario.

EL COLEGIO	LA CASA	LA FAMILIA	LA COMIDA	LA BEBIDA

LAS FECHAS	EL CUMPLEAÑOS	LA ROPA	LOS COLORES	LOS DEPORTES

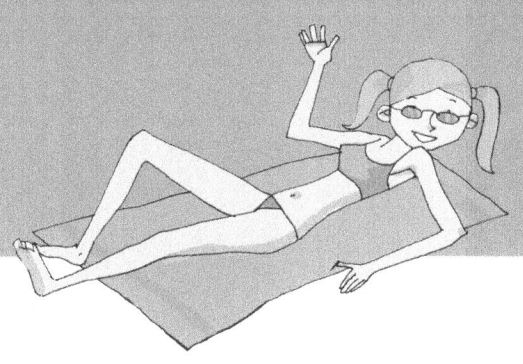

EL CUERPO	LA SALUD	LAS PROFESIONES	EL TIEMPO LIBRE	LOS ANIMALES

LOS PAÍSES	EL TRANSPORTE	LOS VIAJES	LA PLAYA	EL TIEMPO

Mapamundi

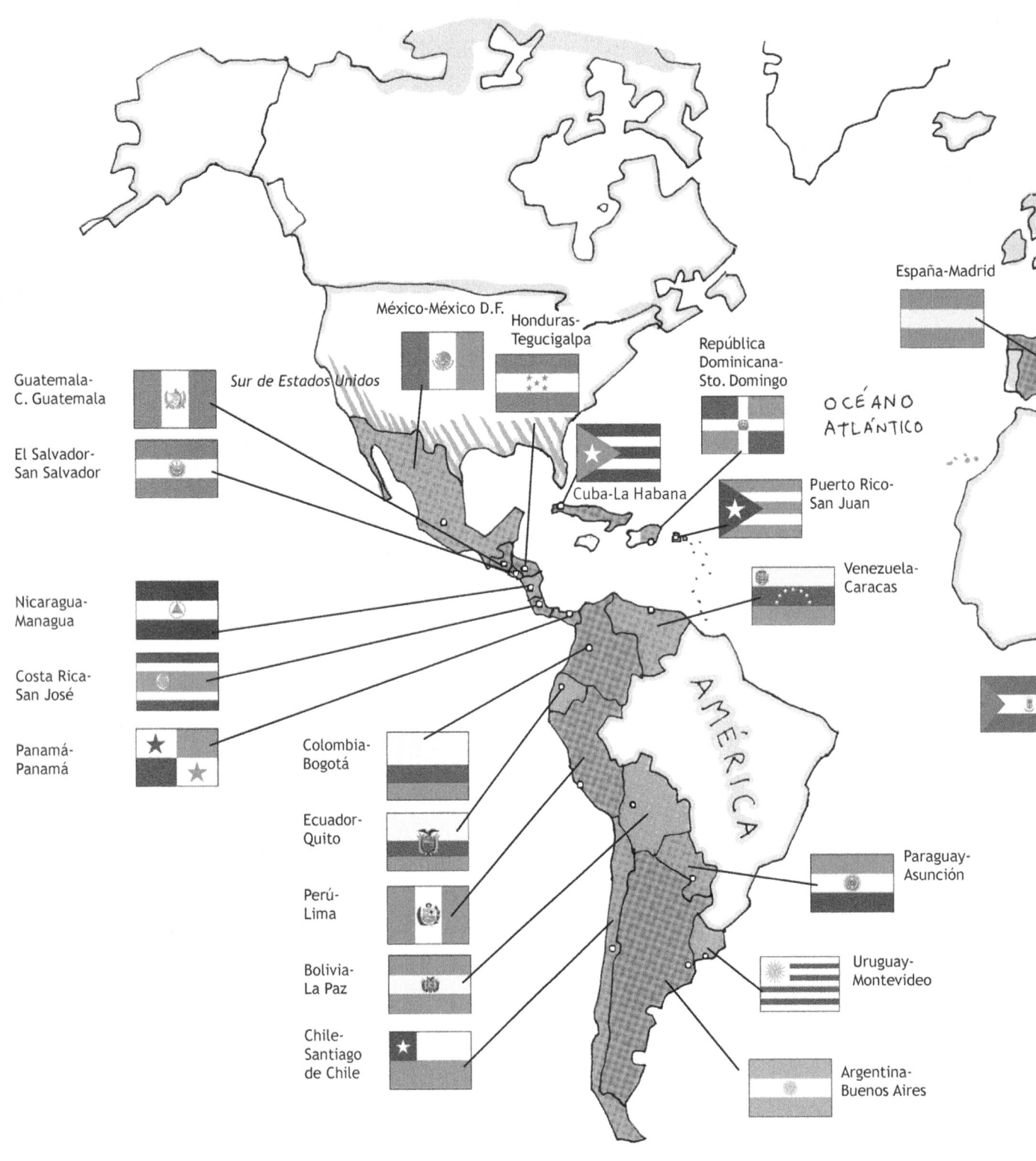